資料と課題文を攻略して
合格答案を書くための

小論文のオキテPRO

鈴木鋭智

KADOKAWA

はじめに

「小論文って、『環境問題について』とか『少子高齢化について』とかのテーマに詳しくなれば書けますよね?」

そう思っている君。ためしに志望校の過去問を見てみようか。

「ゲゲッ!　課題文がめっちゃ長いし、難しいじゃないですか!　わけわかんないグラフまで……」

そう、これが実際の小論文入試。

「○○について」だけのシンプルな出題は意外と少ない。
特に難関大学ほど大量の資料や課題文が出されるものだ。

しかも、その資料と課題文が難しいんだよね(笑)。

まずはこれらを読んで理解しないと、「何を問われているのか」すらわからないようになっている。

時事ネタ本を読みあさっても入試本番で歯が立たないのは、これらの本が「○○について」の書き方しか教えてくれないからだ。

「そんなぁ……もう、小論文で受験なんて無理ですぅ！　国語苦手で難しい文章読むと眠くなるし、数学も苦手でグラフアレルギーだし（泣）」

大丈夫！　この本はそんな君のためにある。

課題文を読むと眠くなってしまうのは、まじめに「読書」してしまっているからだ。

要点をサクッと整理する「要約マトリックス」というツールを教えよう。

グラフを見るとビビってしまうのは、ただの「図」や「数字」に見えてしまっているからだ。

グラフに隠された「出題者の意図」が見えてくる、簡単なルールを教えよう。

そして「1000字」の答案用紙を埋められない君のために、「書ける人」がどう考えて文章を作っているのか、そのプロセスを全部見せてあげよう。

この本は、小論文で受験する君のモヤモヤをすべて吹っ飛ばすためにある。

前作『何を書けばいいかわからない人のための 小論文のオキテ55』を出版したのが2011年。

おかげさまでこの本は「初心者向けの定番書」として、2020年に刊行された改訂版を含めて、12万部を超えるベストセラーになった（なんと台湾ではビジネス書として翻訳出版されている）。

本書『資料と課題文を攻略して合格答案を書くための 小論文のオキテPRO』は、『改訂版 何を書けばいいかわからない人のための 小論文のオキテ55』の上級編・実践編にあたる。

前作では扱わなかった、難関大学を含む実際の大学入試問題をたくさん用意しているよ。

タイトル通り「資料と課題文を攻略し、合格答案を書く」までのプロセスを、これでもかと詳細に解説してみた。

その代わり初歩的な内容はだいぶ省いてしまったので、小論文の勉強がまったく初めてという人、本書の内容がちょっと高度すぎると感じた人は『小論文のオキテ55』を先に読んだ方がいいかもしれない。

もちろん『小論文のオキテ55』と本書『小論文のオキテPRO』、2冊そろったらもう無敵だ。

さあ、心の準備はいいかな?

資料と課題文の迷宮を攻略し、出題者の意図というボスキャラに立ち向かおう。

冒険の旅に出発だ!!

CONTENTS

CHAPTER 3 実際の入試問題に挑戦

LEVEL 1 データを踏まえて、対立する議論を整理せよ

聖路加国際大学　看護学部　2019年度

LEVEL 2 「植民地的な発想」の外国語学習とは?

神戸市外国語大学　英米学科　推薦　2020年度

LEVEL 3 データと文章の複合問題

東京医科歯科大学　保健衛生学科看護学専攻　2020年度

本文デザイン●高橋明香（おかっぱ製作所）
イラスト●村山宇希（ぽるか）
校正●株式会社鷗来堂
DTP●株式会社フォレスト

本書の特長と使い方

本書は入門書『改訂版 何を書けばいいかわからない人のための 小論文のオキテ55』の実践編です。もし本書の内容が難しいと感じたら、先に黄色い表紙の『小論文のオキテ55』を読んでから本書に戻ってくると、より理解しやすくなります。

本書に掲載した入試問題は課題文が長く難しいため、読み始めると眠くなるかもしれません。睡魔に襲われたときは無理せず解説ページに進みましょう。解説を読んでから課題文に戻ると、眠気も吹っ飛ぶ読みやすさになっているはずです。

本書は読み物として通読しても十分学べますが、自分でも答案を書いてから続きを読むと、より実力がつきます。著者による スッキリ答案 を超える、『クールな合格答案』を目指しましょう！

本書には解答例として社会のさまざまな問題に対する「解決策」が登場します。これらは小論文の思考法を教えるための例であり、著者および出版社がこれらのアイデアを世に提言するという性質のものではありません。念のため。

読んで終わりじゃもったいない！
「小論文のオキテPRO」の正しい使い方

読んで理解する
・CHAPTER1
小論文の都市伝説を斬る！
・CHAPTER2
資料・課題文の読み方&解き方
自分でも書いてみる
・CHAPTER3
実際の入試問題に挑戦
志望校の過去問をやってみる
・赤本、大学のWebサイトなど
困ったら、本書の中にヒントを探そう
過去問やるぞ！
赤本

君にピッタリの本はどれだ？
「オキテシリーズ」の選び方フローチャート

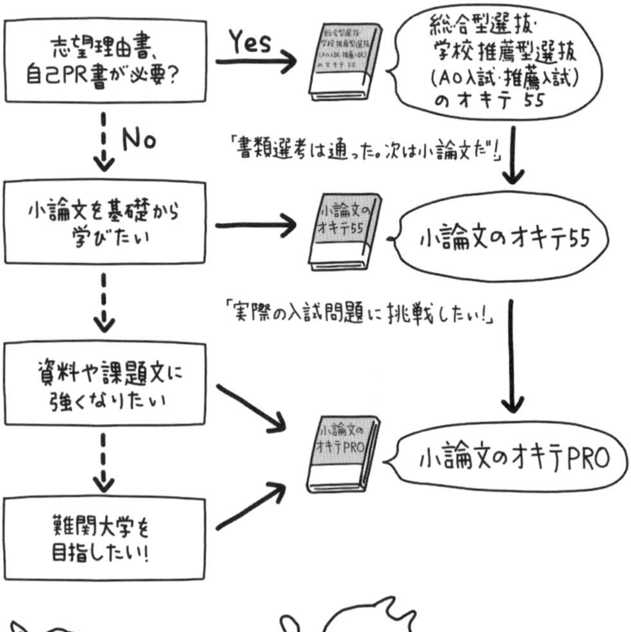

志望理由書、自己PR書が必要？
Yes
総合型選抜・学校推薦型選抜（AO入試・推薦入試）のオキテ55
No
「書類選考は通った。次は小論文だ！」
小論文を基礎から学びたい
小論文のオキテ55
小論文のオキテ55
「実際の入試問題に挑戦したい！」
資料や課題文に強くなりたい
難関大学を目指したい！
小論文のオキテPRO
小論文のオキテPRO

CHAPTER

1 小論文の都市伝説を斬る！

「これだけ書けば受かる！」的なマニュアルは世に溢れているけれど、それらの中には受験生を間違った方向にミスリードする「噂話」も少なくない。独学で変な癖がつかないように、根拠のない「小論文の都市伝説」を叩き斬ってしまおう。

CHAPTER1

小論文の

都市伝説を

斬る!

1

小論文って、国語の一種でしょ?

○○について、あなたの意見を述べなさい

そもそも、小論文って何を書けばいいんだろう?

「あなたの意見」と言われても…個人的な感想とか好き嫌いを書けってこと?

こんな、「そもそも」の所でつまずいている受験生も多いよね。

結論から言おう。

小論文というのは、「問題点を挙げて解決策を出す文章」だ。

大学入試の小論文で出題されるテーマといえば、環境問題や待機児童問題、さらには世界のテロ問題など、世の中で「問題」となっていることばかり。

それらの問題に対して「こうやって解決しよう」というアイデアを提案するのが小論文というものだ。

設問には「あなたの考えを」「あなたの意見を」と書いてあることが多いけれど、「あなたの自己主張」を書けということではないよ。社会の問題を解決するための「あなたの案」という意味だ。

小論文試験は「問題解決の科目」。決して「文章表現の科目」とか「国語の延長」ではない。

でも小学校から高校まで、時間割に「問題解決」なんて科目はなかったよね（これが日本の学校教育の最大の欠陥だと思う）。

大学入試では「小論文」という名の「問題解決」のテストが課されるのに、高校には「問題解決」という科目がない。

このギャップで、全国の高校はとても困っているんだよ。

それで結局、「文章を書くから、国語でしょ？」的なノリで国語の先生に小論文指導が押しつけられることが多い。出題されるテーマも政治や環境問題、災害など、国語の範疇をはるかに超えているのに、国語の先生も困るよね（笑）。

小論文は学校の時間割から独立した科目だと理解しよう。

オキテ 1　小論文は「文章表現」ではなく「問題解決」の科目

2

小論文って、賛成/反対とその理由を書くんでしょ?

「私は○○に賛成だ。なぜなら〜。しかし〜。よって私は賛成だ」。

1990年代までは「小論文とは賛成/反対とその理由を書くもの」と教える先生も多かったし、実際それでもよかった。

なぜなら当時は「小論文のみ」という試験が少なく、「英語＋小論文」「英数国＋小論文」という添え物扱いだったからだ。

ぶっちゃけ、英語で高得点を取っていれば小論文がポンコツでも合格できた。

でも、2000年代以降の「小論文のみ」で合否が決まる入試枠では「賛成/反対とその理由」という書き方をしても合格可能性はかなり低い。それには2つの理由がある。

理由 1 「賛成/反対」が成立するテーマは限られている

小論文の出題には大きく分けて2つの問い方がある。

出題例①　地球温暖化について。

出題例②　地球温暖化を防ぐためガソリン車を廃止する案について。

「ガソリン車を廃止する案について」なら「賛成／反対」が成り立つけれど、「地球温暖化について」というテーマには「賛成」も「反対」も言いようがないよね。誰が見ても明らかに問題だからだ。

このように、そもそも「賛成／反対」が成立する出題は小論文入試全体の半分しかないのだ。

理由 2 | 提案のない答案に価値はない

小論文とは「問題点を挙げて解決策を出す文章」のことだ。そして「あなたの意見（考え）」とは「あなたが選ぶ解決策の提案」という意味。

いくら理由をつけたとしても、賛成するだけなら自分の提案は必要なくなるし、反対だけというのも代案がなければ単なる批判になってしまう。

「賛成／反対とその理由」という流派には「社会の役に立つ解決策を提案する」という概念がすっぽり抜けている。

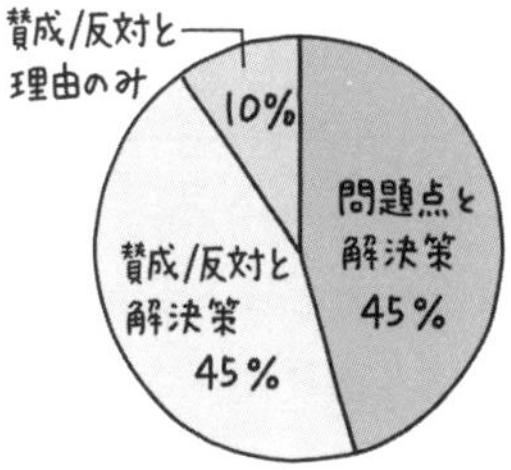

これが通用するのは「あなたの立場とその理由を200字以内で述べよ」という設問のときだけだ。

オキテ 2　「賛成／反対とその理由」だけで済む出題はむしろ少ない

3 小論文って、ネタ本で知識を増やせば書けるでしょ?

「小論文には知識が必要」というのは半分正しいけれど、半分間違っている。

たしかに受験する学部・学科の分野について何も知らないよりは多少の知識を持っておいた方が有利だ。資料や課題文を読むときの助けになるからね。

でも「知識があれば小論文を書ける」と思ったら、それは間違い。これにも２つの理由がある。

理由 1 予習したネタが的中する確率は低い

小論文というのは高校に教科書がないだけあって、何が出題されるかわからない。その学部の分野すべてが出題範囲とも言えるし、学部と直接関係なさそうなテーマが出ることもある。

だからヤマを張ってネタを仕込んでおいたとしても、本番でズバリ的中、つまり同じテーマが出る確率はかなり低い。

それに、高校で習わない専門的な内容の場合、資料や課題文の中に説明が書いてあることが多い。その場でちゃんと読めばわかるので、あらかじめ知識を詰め込んでおく必要はない。

　というわけで、知識を増やすというのは小論文の準備としてはコスパが悪すぎるんだよね。

理由 2 「もったいない精神」が発動してしまう

　高校生が中途半端な知識で原稿用紙を埋めようとすると、出題者の意図から外れたことを書いてしまいがちだ。

　たとえば、「児童虐待について」というテーマなのに、直接関係のない「子どもの食物アレルギー」なんてネタをぶち込んでしまう。「子どもつながり」で。

　「せっかく調べてきたんだから、書かないともったいない」という心理が発動してしまうからだ。

　予備校の先生の「模範解答」には高校生が知らないような専門用語や本の引用が盛り込まれていたりするけれど、あれで出題意図からズレないのは博識なベテランだからだよ。高校生に真似できることではない。

　知識は資料や課題文を読むときのヒントとしては役に立つけれど、そのまま答案に書くネタではないと理解しておこう。

オキテ 3
知識は資料や課題文を読むヒントにはなるが、答案に書くネタではない

4 小論文とは、自分の意見を論理的に書くものだ

こう教える先生は多いし、正しいんだけど…。

正直、高校生にはちょっとわかりにくい説明なんだよね（笑）。

「意見って何？」「論理的って何？」という最も基本的なところを教えてもらえないと、「わかった気はするけど、実は納得できていない」という状態になりがちだ。

この説明は「斬る」というより「補足」をしよう。

この章の最初で触れたように、「意見」というのは「解決策を提案すること」だ。覚えているかな？

そして「論理的」というのは「原因→結果の関係がつながっている」という意味。

つまり「自分の意見を論理的に書く」というのは、「原因を分析した上で自分なりの解決策を提案する」という意味になる。

○○が問題だ。
→その原因は△△だ。
→したがって××するべきだ。

この因果関係がちゃんとつながっていることを「論理的」と呼ぶし、つながっていなければ「非論理的」と呼ばれる。

だから次のような展開は「論理的」とはいえない。

地方の人口が減っている。（問題提起）
→外国から移民を呼ぼう。（解決策）
→米国など移民で発展した国もあるからだ。（根拠？）

そもそも地方の若者が都会に出ていってしまった原因があるはずだ（雇用がない、生活が不便、など）。そこを解決してからでなければ、外国から移民を呼んだところで彼らも同じ理由で都会に出ていってしまうだろう。

地方の人口が減っている。（問題提起）
→若者が仕事を求めて都会に出ていくためだ。（原因分析）
→大企業の工場を誘致して雇用を増やそう。（解決策）

これが「自分の意見を論理的に書く」ということだ。

よく「論理的とは、根拠を添えることだ」といわれることもあるけれど、これは枝葉の話。上の例なら「地方の人口が減っている。新聞の報道によると…」と段落のボリュームを増やすには必然的に根拠も書くことになる。

でも、それに続くのが「だから移民を呼ぼう。なぜなら米国も…」なら、根拠があってもやっぱり「非論理的」と呼ぶしかない。

オキテ 4 「意見を論理的に」とは「原因分析した上で解決策を」という意味

5

小論文って、字数が少ないから『小』なんでしょ?

大学入試の小論文は600〜1200字くらいが多い。学者が書く論文は2万〜8万字なので、たしかにサイズは「小」だよね。

ところが、学者が書いた論文にも短いものはある。有名なのはDNAの構造を発見したワトソンとクリックの論文(1953年)。

英文で約1000ワード、日本語訳は約2200字だ。サイズ的にはむしろ大学入試の小論文に近い。それでも、20世紀最大の発見と呼ばれるこの論文を「小論文」と呼ぶ人はいないよね。

字数の問題ではないからだ。もっと根本的な違いがある。

小論文が論文と違うのは、「仮説を書いただけで、検証されていない」ということ。

たとえば「地球温暖化が問題となっている」という問題提起をする場合、学術論文なら気候のデータとか北極海の衛星写真といった証拠(エビデンス)を並べたり、自分で実験をしたりする。

でも、大学入試の小論文ではせいぜい「こんなことがニュースで報じられている」まで。データを集めたり実験したりはしないよね。

なぜなら試験会場で制限時間内に書かなきゃいけないから。

「証拠は出せないけど、地球温暖化が問題となっていると仮定して話を進めましょう」

これが「小」論文だ。

続く原因分析の段落も、「工場から出る排気ガスが原因だ（と仮定しよう。全体の何％かはデータ持ってないけど）」

さらに解決策も「だから途上国にエコな技術を提供しよう（効果あるかどうかは、やってみないとわからないけど）」

仮定の上に仮定を重ねていく。まさに机上の空論！（笑）

でも、大学入試ではそれで十分なんだよね。

採点者（大学教授）が見たいのは「正解を知っているかどうか」ではなく、「その場で筋の通ったことを考えられるかどうか」。

裏付けしながら論文を書くのは大学生になってからだ。

オキテ 5 **実験・証明するのが論文、仮説で十分なのが小論文**

CHAPTER1の POINT

正しい「小論文の攻略法」は、これだ！

巷に溢れる小論文の「都市伝説」は叩き斬った。

では、何をどう書くのが正しい小論文なのか？

CHAPTER1 の最後に、大学入試の小論文で合格を勝ち取るための「正しい攻略法」を教えよう。

大事なのは「書き方」よりも「解き方」

大学入試の小論文で大事なのは、「書き方」よりも「解き方」だ。

資料や課題文から出題意図を見抜く。問題点から解決策を導き出す。これは文章を「書く」というより、パズルを「解く」作業に近い。

正しい小論文の「解き方」は次の 3 ステップだ。

ステップ 1　資料・課題文を理解し出題意図を見抜く

↓

ステップ 2　出題意図に合った段落構成を選ぶ

↓

ステップ 3　問題を解決して設問に答える

ステップ 1　資料・課題文を理解し出題意図を見抜く

課題文型やデータ型の小論文では、資料の解釈が２通りに分かれるような出題が多い。**つまり「正解／不正解」があるわけだ**。ここで「不正解の解釈」をしてしまったら、そのあとどんなに立派な文章を書いたとしても「採点対象外」の答案になってしまう。

この時点で半数の答案が落とされているのが現状だ。

オキテ 6　出題者の「引っかけ」に気をつけよう

ステップ 2 出題意図に合った段落構成を選ぶ

どんなテーマでも「賛成／反対とその理由」なんてワンパターンが通用するほど、現在の入試問題は甘くない。**課題文と設問によって段落構成は2パターンを使い分ける必要がある（CHAPTER2 で教えるよ）**。

ここでまた半数が落とされる。つまり段落構成を正しく選べたら上位4分の1には残っていることになる。

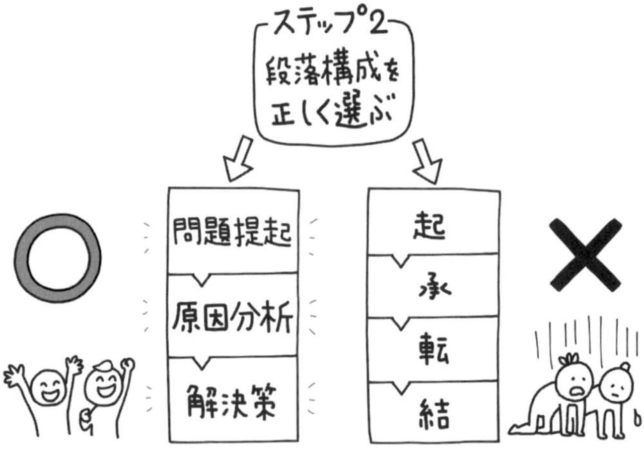

オキテ 7 **課題文と設問によって段落構成は変わる**

ステップ 3 ｜ 問題を解決して設問に答える

最後は資料と課題文に示された「問題点」に対し「解決策」を出す段階。ここでも、「月並みで効果のなさそうな対策」を書いてしまう答案と「クールなアイデア」を提案する答案に二分される。

ここまで最終的に残るのは、$\frac{1}{2}\times\frac{1}{2}\times\frac{1}{2}=\frac{1}{8}=12.5\%$だ。

次の CHAPTER では、この３つのステップを使った小論文の「解き方」を詳しく説明しよう。**上位12%の人たちが合格答案をどう作っているのか、その思考プロセスがわかるはずだ。**

オキテ 8　月並みな対策より、クールなアイデアを

こんなとき、どうする？

1

要約と下線部説明だけの小論文?!

「過去問を見たら要約と下線部説明ばかりで、『意見を述べよ』という設問がないんですけど？」

たとえば「問題1」の中に「問1 ～問3」が並んでいる場合、問1と問2が課題文の内容を問う問題で、問3が「あなたの意見を述べなさい」というのが一番多いパターンだ。

ところがたまに、どの設問も「下線部について説明せよ」ばかりで、「意見を述べよ」がない場合がある。

こういうときは、次の「問題2」を見てみよう。ここに「意見を述べよ」があったりするものだ。大学側が読解力を重視していると、こういう構成の出題になる。

ごくまれに、問題1から問題3まで全部見渡しても「意見を述べよ」が出題されていない年度もある。

この場合、以前の年度の過去問も見てみるといい。前年は「意見を述べよ」がメインだったりするんだよ。

理由として考えられるのは、前年の受験者のレベルが低すぎたケース。課題文を読めずトンチンカンなことを書く答案が多すぎると、教授会で「来年は読解力を重視しよう」という声が上がるからだ。

ところが今度は「簡単すぎて差がつかない」という話になって、「意見を述べよ」が復活することも多い。前年度の出題が下線部説明ばかりだからといって、油断してはいけないよ。

CHAPTER

2 資料・課題文の読み方&解き方

～上位12%に入れる！小論文の3ステップ～

長い課題文やグラフなど、小論文の出題形式にはバリエーションが多い。これらを攻略するには、出題者が何を考えて資料を作っているかという「敵の手の内」を知るのが一番の近道だ。

課題文型？　データ型？それとも…

小論文の出題形式は大きく分けると３種類。**「短文テーマ型」、「課題文型」、「データ型」。そしてこれらが合体した「複数資料型」だ**（呼び名は正式に決まっているわけではないので、あまり気にしなくていい）。大学・学部によっては毎年同じ形式で出題されることも多いので、志望校の過去問は数年分チェックしておくといい。

短文テーマ型　キーワードだけで早合点しないように！

「人口減少社会について、あなたの考えを述べよ」のように、１行から５行くらいで問題が書かれている形式。簡単そうに見えるが、**設問の言葉を正しく解釈しないと出題意図からズレてしまうので、早合点しないように気をつけよう。**

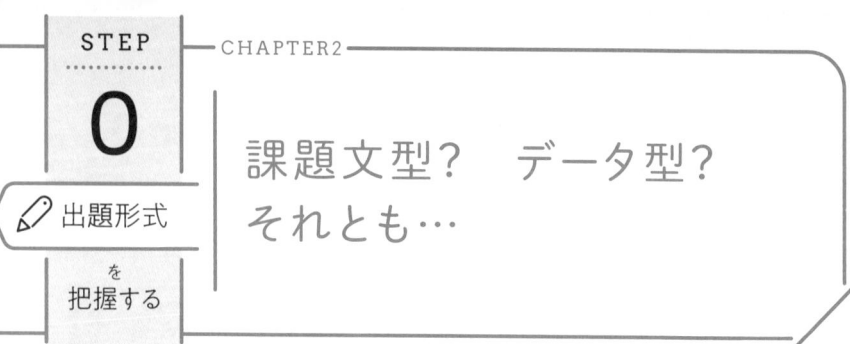

課題文型 | 問1の要約で答案の半数が落とされる?!

「次の文章を読んだ上で、筆者の主張に対するあなたの考えを述べなさい」という、大学入試の小論文では最もメジャーな形式。

課題文の長さは1ページくらいのコンパクトなものから数ページに及ぶヘビーなものまでさまざまだ。内容も軽いエッセイから難解な学者の文章まで多岐にわたる。

問1が要約や傍線部説明など、課題文を読めたかどうかを確かめる設問、問2が課題文の内容に対し「あなたの意見を述べよ」という構成になっていることが多い。

この場合、問1で正しく答えられないと問2も的外れな答案になりがち。要約で勝負の半分が決まると思った方がいい。

データ型　グラフの形に出題者の意図が隠されている！

グラフや表などの資料が出される。課題文型と同じく問１でグラフの説明、問２で意見を求めることが多い。設問が分かれていないときは第一段落でグラフが何を意味しているか説明しよう。

グラフから出題意図を見抜くためのポイントは２つ。「グラフの形式」と「一番大きな差」だ。

たとえば棒グラフは「実際の量」、円グラフは「割合」、折れ線グラフは「変化」を示す。出題者が見てほしいのは「量」なのか「割合」なのか「変化」なのか。グラフの形式から判断しよう。

またデータは単独では意味を持たない。必ず比較対象があるので、その差が一番大きい部分に注目すること。わずかな差（誤差）に気を取られないように注意しよう。

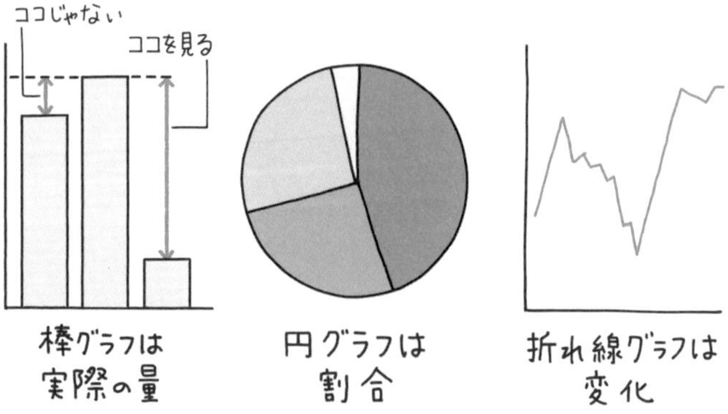

複数資料型 | 資料同士の関係性こそが出題意図だ!

「資料１がグラフ、資料２が文章、資料３が表」のように２つ以上の資料が出される形式。

この場合、たとえば「資料１が肯定的なデータで資料２が否定的なデータ」のような構成になっていることがあるので、**資料相互の関係を考えよう。**「わかりやすい資料１つだけについて論じました！」というのは、その時点でアウト。

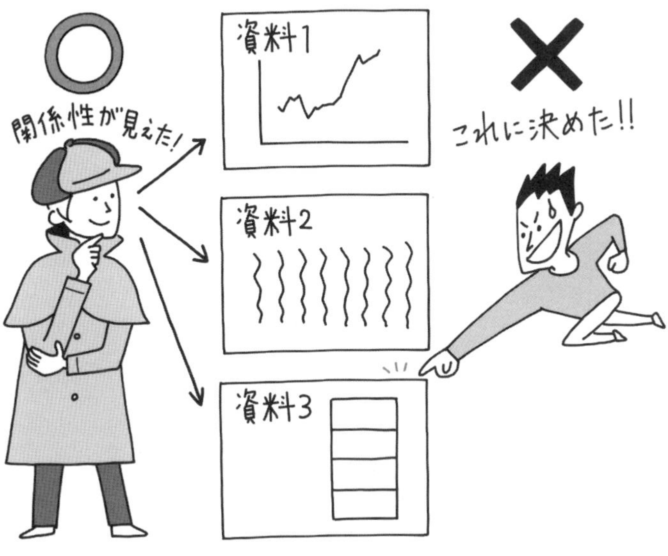

STEP 1

出題意図を見抜く ①

CHAPTER2

資料の解釈によって、答案の方向性は180度変わる

問題　下のグラフを見て、あとの設問に答えなさい。

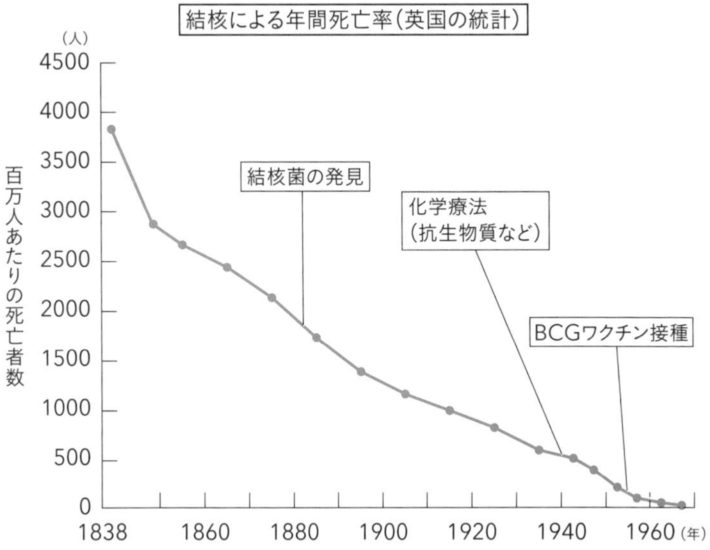

問１　このグラフからわかることを100字以内で説明しなさい。

問２　問１で述べた状況についての、あなたの意見を述べなさい。

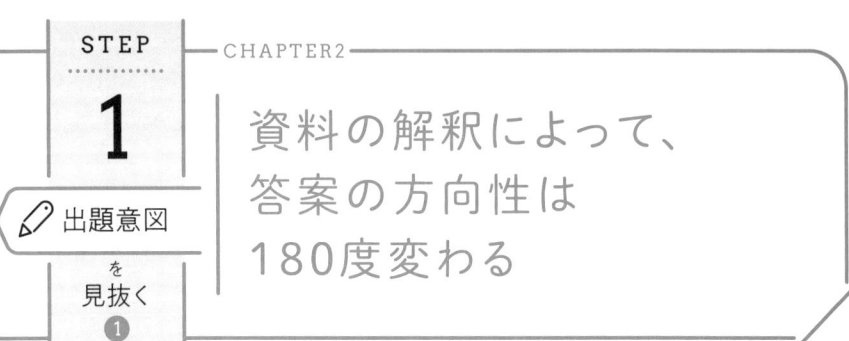

問1　ガッカリ答案

グラフを見ると、結核菌の発見、抗生物質による化学療法、BCGワクチン接種など医学が進歩するにつれて結核で死亡する患者が減ってきているのがわかる。現代人として、歴史上の医学者たちの功績に感謝したい。

この問1、グラフの解釈によって受験生の答案が真っ二つに割れる問題だ。

たしかにパッと見ると、全体的に結核による死亡率は下がっている。ご丁寧に「結核菌の発見（1880年頃）」「化学療法（1940年頃）」「BCGワクチン接種（1960年頃）」という情報が書かれているので「医学が進歩するにつれて」と思いたくなるよね。

でも、よーっく見てみよう。

死亡率はいつから下がり始めているかな？

実はグラフの最初、1838年からガクンと下がっている。結核菌が発見されるより40年も前だ。

ということは、この期間の死亡率減少に「医学の進歩」は関係ないということになる！

問1の答案に「医学のおかげ」と書くか？

それとも「医学は関係ない」と書くか？

資料を解釈する時点で受験生の半分が脱落するという意味がわかったかな？

ところで、「医学は関係ない」だけで100字は埋まらない。医学でなければ何なのか、そこまで書かないと話は完結しないよね？

結核による死亡率が下がった「本当の原因」について、このグラフの中には何も書かれていない。**だから推測するしかない。**

問1　スッキリ答案

グラフを見ると、1880年頃に結核菌が発見される以前から死亡率は下がっている。したがって結核による死亡者が減ったのは医学が進歩したためではなく、衛生状態や栄養状態が改善されたためと考えられる。（96字）

もちろん、「衛生状態や栄養状態」というのは推測、仮説にすぎない。本格的な医学論文なら、上下水道の普及率や当時の人々の食生活に関する資料を探して検証するところだ。

ただ、小論文というのは制限時間内に試験会場の中で完成させるものなので、「調べて検証する」という作業は免除されている。

試されているのは「与えられたヒントから仮説を立てる能力」だ。「資料の中に答えがないと、書けませ〜ん！」という人は、ここで立ち往生してしまうよね。

オキテ 9　「別の解釈があるかも」と考えてみる

問2　ガッカリ答案

私はこのような医学の進歩に賛成だ。なぜなら、医学のおかげで人類の平均寿命はのび、病気で苦しむ人が減ったからだ。

私も子どもの頃から病気がちで、何度も入院していた。そのとき親身になって治療してくれた主治医の先生にとても感謝している。

だからこそ、私は医学部を志望する。医師になって、あの頃の自分のような病弱で引っ込み思案な子どもたちを励ましたい。そして医学の進歩に貢献するのが私の夢なのだ。

書くことが思いつかず、勝手に志望理由を書き始めてしまったようだね（笑）。

「小論文＝問題点＋解決策」なのに問１で「医学の進歩」を褒め称えてしまったら、「問題点」が見つからない。

問２の方向性は、問１でほぼ決まってしまうんだよ。

では問１で「医学は関係ない」と書いたら、問２ではどんな問題提起ができるだろう？

問2　スッキリ答案

現在、結核菌の中でもあらゆる抗生物質が効かない耐性菌が出現し、院内感染を引き起こすなど大きな問題となっている。

耐性菌が生まれるのは安易な抗生物質の使いすぎが原因だと言われている。わずかに生き残った菌が増えるため、もっと強い抗生物質を使い、さらに強い菌が生き残るという悪循環である。

したがって、結核になってから抗生物質で治療するよりも、衛生管理によって感染を防ぎ、栄養を摂って身体の免疫力を高めるという対策を優先するべきである。　(213字)

「医学バンザイ」ではなく、逆に医学によって生じた新たな問題を提起しているね。**これは問１で「医学は関係ない」と書けた人でなければ絶対に出てこない発想だ。**

採点者からすると、「問１をしくじっていたら、問２は読む価値なし！　ポイッ」ということになる。最後まで読んでもらうためにも、資料の解釈には時間をかけよう。

オキテ 10 **問１でしくじったら、問２は何を書いても無駄**

STEP 1

出題意図を見抜く ②

課題文をサクッと読んでチャチャッと要約する方法

小論文の出題で一番多い形式が「次の文章を読み、これについてあなたの意見を述べなさい」という課題文型。4000字を超える長文や難解な学者の文章なんかが出されると、「答案を書く」以前に「課題文を読めずにギブアップ（泣）」ということになりがちだ。

そこでこの節では、長くて難しい課題文をサクッと読んでチャチャッと要約するコツを教えよう。ポイントは2つ。「対比」と「前半／後半」だ。

ポイント 1 課題文は「対比」で書かれている

たとえば「日本と外国」「昔と現代」「科学と宗教」のように、筆者は自分が主張したいことを逆の内容と比較しながら説明する。Aの内容と逆のBの内容が「A、B、A、B…」のように交互に登場するのが定番のパターン。現代文の問題文もこのような構成で書かれていることに気づくかな？

「いま読んでいる部分は、どこと逆なんだろう？」と考えながら読むといいね。

ポイント 2 | 課題文は「前半」と「後半」で話が変わる

対比に比べると気づきにくいけれど、**試験問題に使われる文章というのは、途中で話題が変わるようになっている。**「前半で具体例を並べ、後半で解説」という場合もあれば「前半の内容を後半で別の場面に当てはめる」、「前半で肯定したものを、後半で否定する」というパターンもある。

理屈ばかりでもピンとこないだろうから、誰でも知っている話で練習をしてみよう。

問題　**イソップ童話「アリとキリギリス」を100字以内で要約しなさい。**

この物語の中で、「対比」にあたるのはもちろんアリとキリギリス。そして「前半」は夏の場面、「後半」は冬の場面だ。

これを表にまとめると、次のようになる。

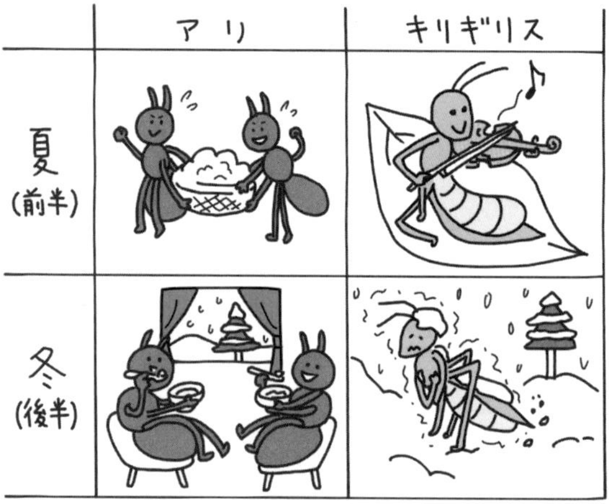

この2×2の田の字みたいな表のことを「マトリックス」と呼ぶ。学問の世界でもビジネスの世界でも、物事を2つの観点から分類して整理するときによく使われる。大学の授業でもよく見かけることになるよ。

「アリとキリギリス」の話を「対比」と「前半／後半」で４分割のマトリックスに整理できたら、それぞれの内容をだいたい25字くらいで書くと、25 × 4 = 100字になる。

要約例

夏のあいだ、アリが真面目に働いていたのに対し、キリギリスは働かずに毎日遊んで暮らしていた。しかし冬になるとアリは蓄えていた食べ物で生活できたのに対し、キリギリスは食べ物がなくなり後悔することになった。

「それぞれ25字」というのはあくまでも目安なので、多少バランスが変わっても構わない。

これが「要約マトリックス」を使った読解＆要約法。ここまでできたら、同じやり方で次の文章を要約してみよう。

問題　次の文章を100字以内で要約しなさい。

「白河の清きに魚もすみかねてもとの濁りの田沼こひしき」

江戸時代には狂歌と呼ばれる社会風刺の歌が数多く作られた。幕府の老中たちを名指しで批判するとは、なんと自由な時代だったのかとも思えるが、実際は町人や百姓に政治参加の権利が与えられなかったことの裏返しといえる。政治への不満は洒落のきいた歌で笑い飛ばすしかなかったのである。

日本の近代化とは、西洋から入ってきた個人主義と民主主義を消化し自分たちのものにしていく過程であった。もちろん家父長制など封建的な価値観は明治憲法の中にも残っていたが、農家出身の子が政治家や官僚を目指すのは夢物語ではなくなった。自分の生き方、自分の国のあり方を自分たちで決められるようになったのである。

ところが明治維新から一五〇年あまりを経た現在、われわれは再びこれらの近代的価値を失いかけてはいまいか。SNSで個性を発揮するどころかフォロワー数に一喜一憂して孤独を恐れ、匿名コメントによる炎上が世論を形成する。行き過ぎた個人主義と民主主義をもう一度見直し、自由で平等な対話の道具として自分たちの手に取り戻すべきではないだろうか。

ガッカリ要約

白河の清きに魚もすみかねてもとの濁りの田沼こひしき。幕府の老中たちを名指しで批判するとは、なんと自由な時代だったのか。農家出身の子が政治家や官僚を目指すのも夢物語ではなくなった。

課題文をパッと見渡して、目についた部分を抜き出してツギハギすると、こういう要約になっちゃうよね。

たしかに本文の単語をそのまま使っているけれど、まるで江戸時代が自由な時代だったかのような内容になってしまっている。

要約で大事なのは、本文の言葉を引用することではない。話の構造を再現することだ。

必ずしも段落ごとに内容が区別されているとは限らないことに注意しよう。この文章では最後の段落の中で「現状」と「これから（筆者の提言）」、あるいは「悪い状態」と「望ましい状態」に話が分かれている。これが後半の「対比」であることに気づいたかな？

ではマトリックスの4項目を並べて100字にまとめてみよう。

スッキリ要約

江戸時代の庶民は政治を風刺するだけだったが、明治になると個人主義と民主主義が庶民の政治参加を可能にした。しかし現代人は孤独を恐れ、炎上が世論を形成している。自由で平等な対話の道具を取り戻すべきである。（100字）

ちなみに、文中に出てくる「近代」という言葉は受験生にとって最重要ワード。日本史では明治から戦前までを「近代」という。明治以前の江戸時代は「近世（←ちょっと紛らわしい）」、第二次世界大戦後が「現代」だ。

ちなみに近代とは「個人主義、民主主義、資本主義、合理主義（科学）」という4つの価値観が台頭してきた時代。現代文でも小論文でも、これらの文脈でよく登場するよ。

オキテ 11 「対比」と「前半／後半」で要約マトリックスを作ろう

こんなとき、どうする？

2

英語の課題文の勉強法

「志望校の過去問を見たら、課題文が英語でした（泣）。どういう対策をしたらいいでしょう？」

赤本を見たら課題文がすべて英語だったときの絶望感（笑）、わかるなあ。真面目に1行目から訳そうとしても挫折してしまって、答案を書く段階まで進めないんだよね。

こういうときは、解説ページの日本語訳を先に読んでしまうのが正解。3年分くらいまとめて読んでみよう。

過去問の英文が難しいのは、内容がその学部や専門分野に関係していて高校生には馴染みが薄いからだ。「何についての話なのか」すら見当がつかないこともあるよね。これだと辞書を引いても、いくつもある訳のうちどれを選べばいいのかわからない。

でも日本語訳を何本か読めば、その分野について多少なりとも知識が増え、「鼻が利く」ようになる。この状態で元の英文を読むと…あら不思議。初めて見る単語でも「あのことかな？」と推測して読めるようになる。

これは決して「ズル、インチキ」ではないよ。

英語の授業では辞書を引きながら一文一文訳すのが正しいと教えられるかもしれないけれど、小論文のゴールは「意見を日本語で書くこと」であって、「英文を訳すこと」ではない。

目的と手段を区別できる人こそ、コスパのいい勉強ができる人だ。

どんなテーマにも応用できる「３段落構成×２パターン」

小論文の段落構成には２つの決まった型がある。

「原因分析型（ディスカッション型）」と「メリット・デメリット型（ディベート型）」だ。

この２つのパターンを覚えておけば、どんなテーマ、どんな出題にも応用できる。騙されたと思って、とりあえずこの２パターンを理解しよう。

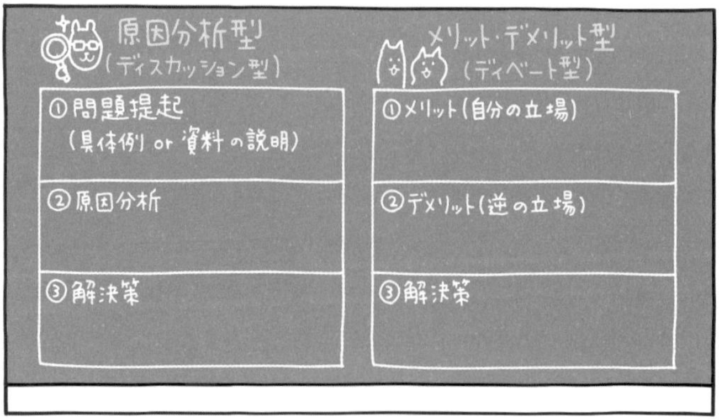

なぜ2パターンなの?

小論文で出題されるテーマは、大きく２つに分類できる。

「世の中で賛成／反対に意見が割れるテーマ」と「誰が見ても問題であるテーマ」だ。

たとえば「消費税率を上げるべきか」「原発を再稼働させるべきか」「夫婦別姓を認めるべきか」といったテーマでは、世の中の意見が賛成／反対に分かれる。消費税にも原発にも夫婦別姓にもメリットとデメリットがあるからだ。

一方、「日本全国で災害が増えている」「高齢者を狙った詐欺が増えている」というテーマに「賛成」や「メリット」というのは考えにくいよね。これらは誰が見ても「大問題」でしかない。

このように、世の中の議論というものは「賛成／反対に分かれるテーマ」と「誰が見ても問題であるテーマ」の２つに分類される。だから議論の進め方、つまり段落構成も２種類になるわけだ。

これは集団討論でも同じ。賛成／反対に分かれて意見を戦わせるのが「ディベート」、立場を分けずみんなで意見を出し合うのが「ディスカッション」という区別があるんだよ。

オキテ 12 **賛成／反対に意見が割れるテーマ、誰が見ても問題なテーマ**

ここからは、設問によって段落構成をどのように使い分けるのか、いくつか例題を使って練習してみよう。

問題1　新型コロナウイルスの感染拡大について。

本書を書いている2021年現在、世界各地で新型コロナウイルスが猛威をふるっている。これは世界中の誰が見ても大問題だ。「新型コロナウイルスにもメリットあるよね」なんて言う人は滅多にいないだろう。**したがって段落構成は「原因分析型（ディスカッション型）」**。

人の命が失われたり経済が打撃を受けたりという問題を指摘した上で、なぜ感染が拡大するのか、なぜ事態が収まらないのかという原因を考えよう。

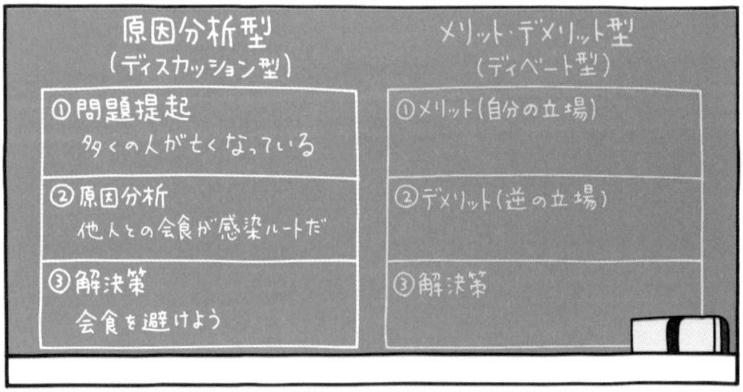

問題２　新型コロナウイルスの感染拡大を防ぐために、すべての店を営業停止することについて、あなたの意見を述べなさい。

今度は「すべての店を営業停止にする案」についてだ。これは賛成する人と反対する人がいそうだね。**したがって段落構成は「メリット・デメリット型（ディベート型）」だ。**解決策を「営業停止する」にするか「営業停止しない」にするかは、どちらでもいい。

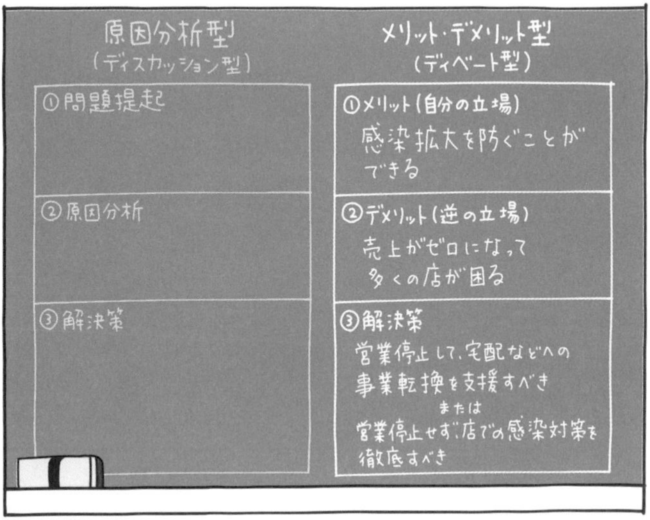
原因分析型
（ディスカッション型）
①問題提起
②原因分析
③解決策
メリット・デメリット型
（ディベート型）
①メリット（自分の立場）
感染拡大を防ぐことができる
②デメリット（逆の立場）
売上がゼロになって多くの店が困る
③解決策
営業停止して、宅配などへの事業転換を支援すべき
または
営業停止せず、店での感染対策を徹底すべき

問題３　「高齢のドライバーがブレーキとアクセルを踏み間違えることによる交通事故が多発している。高齢者には免許を返納させるべきだ」
この主張に賛成か反対かを明らかにした上で意見を述べなさい。

「免許を返納させよう」という案にはメリットもデメリットもありそうだね。しかも今回は「賛成か反対かを明らかにした上で」という条件がついている。**どちらの立場を選んでも、逆の立場をフォローするための代案が必要だ。**

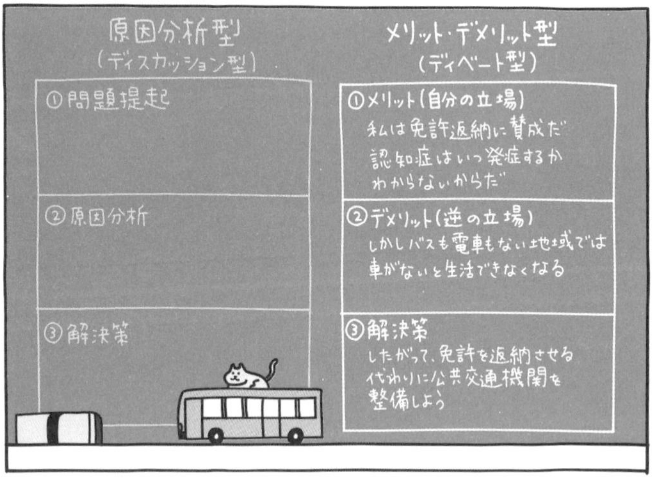

問題4 「高齢のドライバーがブレーキとアクセルを踏み間違えることによる交通事故が多発している。こんな悲劇はくり返してはならない」
この筆者の主張に対する、あなたの意見を述べなさい。

今回も「筆者の主張に対する意見」だけど、「こんな悲劇はくり返してはならない」というのは正論すぎて反対の余地がないよね。

こういうときは、筆者の主張にデメリットを探すのではなく、**「筆者の理想が実現されていない現状」を問題提起しよう。**

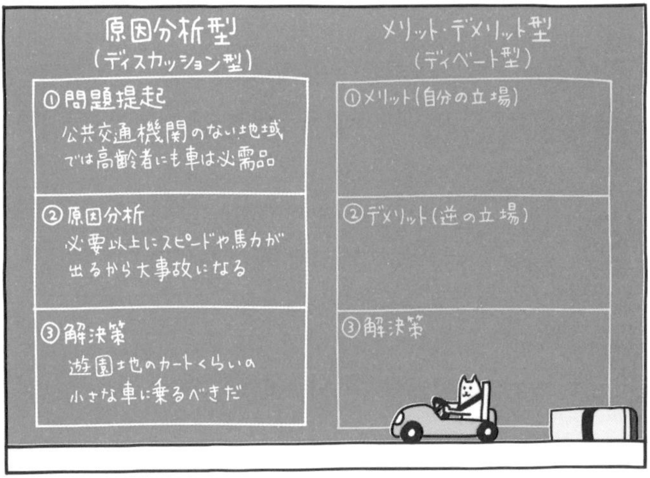

STEP 2

段落構成を正しく選ぶ 2

CHAPTER2

「序論・本論・結論」は名称だけ覚えてもダメ

「序論・本論・結論」という段落構成もよく聞くよね。

これ自体は間違いではないけれど、使い方（または教え方）には注意が必要だ。

「序論・本論・結論」という用語だけ覚えても、「そもそも序論って何書くの？」というところでつまずく受験生が多いんだよね。

一般的にイメージされる「序論・本論・結論」はこんな感じ。

序論　これから述べることを簡潔にまとめる
本論　序論で述べたことを詳しく説明する
結論　序論、本論で述べたことを手短にまとめる

この形式で書くと、あるとき気づくんだよ。

「あれ？　さっきから3回同じことを書いてるぞ？」

そりゃそうだ。簡潔にまとめたものを詳しく説明して、もう一度手短にまとめているんだから、同じ内容を3回くり返すことになる。

せめて結論だけは「まとめる」ではなく「解決策を提案する」と理解しておけばよかったんだけどね。

オキテ 13 結論は「まとめる」ではなく「提案する」

「起承転結」はエンタメ作品の段落構成

昔から「文章は起承転結で書きましょう」と言われてきた。

でもこれはエッセイや小説、漫画などエンタメ作品を書くときの構成だ。

小説「転生したい人のための　異世界生活のオキテ」
起　朝、目覚めたら異世界に生まれ変わっていた。
承　お姫様と師匠に出会って修行を重ねる。
転　ラスボスの登場、親友の裏切り、絶体絶命のピンチ。
結　敵を倒して世界を守り、封印を解いて現実世界に戻る。

この構成のポイントは「転」の部分で読者をハラハラドキドキさせること。そして「結」で元に戻ってホッとさせる。

でも、受験の小論文では採点者をハラハラドキドキさせる必要はまったくない。最後に元に戻ってホッとさせる必要もない。

余計なエンタメは考えず、「問題点を挙げて解決策を出すこと」に専念しよう。

オキテ 14 採点者には「ハラハラドキドキ」ではなく「提案」を

「月並みな答案」になるのは問題解決のルールを知らないから

問題 **待機児童問題解消のために、ベビーシッターを普及させたい。そのための課題と対策を述べよ。**

ガッカリ答案

ベビーシッターが人気アルバイトになっている欧米と違って、日本ではベビーシッターの文化がまだ根づいていない。それにベビーシッターによる虐待やわいせつ事件も報道されている。

そこで講演会などを開いてベビーシッターの活用を呼びかけるべきだ。また室内に監視カメラをつけて事件が起きないようにすることも必要だと思う。

「講演会でPR」というのは小論文でよく見かける結論だけど、これは講演会に来てくれた意識の高い人にしか届かない。効果はかなり限定的だ。

それに「会社に言われて監視カメラを持ってきました」なんて人、自宅に入れたくないし子どもを預けたくもないよね。

せっかく「問題点＋解決策」の形で書いていても、このように「効果の見込めない結論」になってしまう答案というのは、実際多いものだ。

一方、こちらの答案はどうだろう？

スッキリ答案

ベビーシッターによる虐待や保育中の事故がたびたびニュースになり、利用をためらう保護者も多い。事件が起きるのは留守中の自宅で他人と赤ちゃんが2人きりになるためである。

そこで、複数のベビーシッターたちが共同で利用できる部屋を貸し出すことが必要である。保育を密室化させないことで事件や事故を防ぎ、安心してベビーシッターを利用できると考えられる。 (169字)

これならベビーシッターを派遣する会社がレンタルスペース業も始められる。ビジネスのアイデアとしても十分通用するね。

これが、**「問題解決のルール」を知っている人の発想だ。**

でも、日本の学校では「問題解決のルール」なんて教わる機会はまずないよね。そこで次は「一度学んだら一生役に立つ、シンプルな問題解決のルール」を紹介しよう。

オキテ 15　学校では教えてくれない「問題解決のルール」を学ぼう

こんなとき、どうする？

3

「1200字以内」をどう埋める？

「1200字って…どうやったら埋まるんですか？」

やたら長い字数指定の大学は少なくない。600字書くのも苦労しているのに、1200字となると気が遠くなる…。

こういうときは、「1200字」をパーツに細分化しよう。

まず、3段落構成なので1200÷3=400字ずつだ。さらに各段落の400字を2つの内容に分ける。

「1200字」ではなく「200字を6個」と考えたら、無理な作業ではなくなるよね？

問題提起なら、「具体例200字、それを議論する必要性200字」でもいいし「資料や傍線部の説明200字、そこから見える問題点200字」でもいい。「これまでの経緯200字、いま生じている問題200字」という分け方もある。

原因分析も2つに分けよう。「人の問題200字、仕組みの問題200字」のように2段階で深めていくパターンや「○○する側の要因200字、される側の要因200字」のように逆の方向から考えるパターンもある。

解決策の段落は「大まかな方向性＋細かい具体例」という構成で書くといい。「したがって、○○への対策が必要だ。たとえば～」という流れだ。

解決策の段落では、いいアイデアが浮かばないこともあるし、時間切れになる場合もある。でも冒頭の「大まかな方向性」まで正しく書けていれば、大きな減点を避けることができる。

STEP 3

CHAPTER2

問題解決のルール 2

せっかくの問題提起が「どうでもいい話」になってしまう理由

問題　**学校の制服について、あなたの意見を述べなさい。**

ガッカリ答案

制服によって学校内に統一感が生まれ、生徒も学生としての自覚を持つことができる。しかし一方で個性がなくなる、制服の値段が高いため家計を圧迫するなどの問題もある。したがって、安い制服を数種類用意して選択できるようにすればいいと思う。

制服が何種類もあったら「統一感」は生まれないよね。それに一部の貧困家庭に合わせて全校生徒が安っぽい服を着るというのも、解決策としてパッとしない。

「だったら私服でいいじゃん」と言われそうだ。

このように小論文が「どうでもいい話」になってしまうのは、問題提起が浅いから。

そもそも「統一感」というのは必要不可欠かな？　みんなバラバラで個性豊かでも誰も困らないし、むしろ楽しそうだ。それに制服を着たからといって、全員が「学生としての自覚」を持って勉強し始めるとも限らない（ヤンキー漫画の主人公が必ず制服を着ているのも不思議だ）。

制服で「個性がなくなる」ともいうけれど、放課後や休日には好きな服を着ていいんだからこれも問題なさそうだよね。

「統一感」「自覚」「個性」…これらは雰囲気、気分にすぎない。人によって感じ方が違うし、ないからといって困るものでもない。

問題提起に説得力をもたせたいなら、「誰かが困っている」という事実、すなわち「実害」を挙げるのがコツだ。

スッキリ答案

制服を着ていると、学生だとわかるため地域の見守りが行き届き、事件や事故から守ってもらえる。しかし性同一性障害の生徒にはスカートや学ランが耐え難い苦痛になる場合もある。

したがって制服を義務付けるなら男女共通のデザインにし、私服を認めるなら腕章や指定バッグなどで所属を示すことが必要である。

生徒の安全に関わる話に「どうでもいい」とは言えない。ジェンダーに悩みを抱えて不登校になる生徒にも「来なくていい」とは言えない。彼らは制服のせいで学ぶ権利を奪われていることになるからだ。

このように「実害ベース」で論点を絞っていくと、賛成派・反対派それぞれの「譲れないポイント」が見えてくる。だからこそ、「所属を示しつつジェンダーを押し付けない」という現実的な解決策が浮かんでくるわけだ。

オキテ 16 「問題のような気がする」ではなく「誰かにとっての実害」を挙げる

問題解決のヒント 1

「不公平感」で問題提起してはいけない

不公平感というのは不思議な感情で、実害がなくても感じてしまうものだ。

たとえば、生活保護を受けている人に対して怒る人がいる。

「働かないでお金をもらえるなんて、不公平だ！」

でも自分が何かを失ったわけではないよね。他人が得しているのを見て、自分が「損をした」ような気がするだけ。これは錯覚だ。

「あいつばかりモテやがって！　世の中は不公平だ！」

彼がモテなくなっても、かわりに君がモテるわけじゃない。

このように、実害がないのに人間の心をざわつかせるのが「不公平感」という錯覚だ。

だから小論文でも「〇〇は不公平だ」と短絡的に書くのではなく、「誰が何を失ったのか」という事実を挙げるのが正しい問題提起ということになる（もちろんプライベートでも、他人と比べて心がざわついたときは「で、私は何を失ったの？」と自問するといい。冷静になれるよ）。

ちなみに、旧約聖書の創世記には「人類最初の殺人事件」が記されている。兄のカインが「神様が弟のアベルをえこひいきした！」とキレて、弟を殺してしまうというエピソードだ。

もちろんこれは事実というより言い伝えの類だけど、何千年も前に聖書を作った賢人たちが「悪の起源」を「不公平感」に置いたのは、人間の本質を突いた洞察かもしれないね。

解決につながる原因、解決から遠ざかる原因

問題

官僚の「忖度」が話題となっている。「忖度」とは「相手の心情を推し量る」という意味。権力者の意向に合わせるためにルールをねじ曲げ、公文書の改ざんまでしてしまう官僚の「忖度」が社会の批判にさらされている。
この問題に対する、あなたの意見を述べよ。

ガッカリ答案

政治家の言いなりになって不正に手を貸してしまう官僚にはモラルと正義感が欠けている。国家公務員は国民に奉仕する公僕であるという自覚を持ち、公正な仕事を心がけてもらいたいものだ。

不正に手を染めている官僚に「心がけてもらいたい！」と呼びかけたところで、やめてくれるかな？

人間の心というものは、変えられないものだ。

やる気のない人に「やる気を出せ！」と百回言ってもやる気は出ないし、自分のことを好きじゃない人に「好きになって！」と食い下がっても相手の気持ちは変わらない。

これが人間というものだ。

それなのに、人の心を変えようとしてストレスをためている親や先生や上司のいかに多いことか！

問題を解決したければ、変えられない「人の心」に原因を求めるのではなく、変えられる「仕組み」に目を向けよう。

いい人でも、悪いことをしてしまう仕組みがあるかもしれない。

悪い人の悪い行いを見逃している仕組みがあるのかもしれない。

スッキリ答案

官僚が政権に対し「忖度」してしまうのは、2014年に新設された内閣人事局によって省庁の幹部人事が握られたことが原因である。政権の意向に逆らうと降格、左遷されるため、役所は政権の言いなりにならざるを得ないのである。

したがって官僚の忖度による不正を防ぐためには、幹部の人事権を省庁に取り戻すことが必要である。そのために内閣人事局を廃止、あるいはその権限に制約を設けるべきである。

（187字）

「あいつの心が悪い！」というように人間をバッシングするのは簡単だ。勧善懲悪はスカッとするし。

でも本書を読んで問題解決のルールを学んだ君には、人ではなく「その背景にある仕組み」に目を向ける習慣を持ってほしい。

ヒステリックな世論とは一線を画すクールな意見を言えるようになるはずだ。

オキテ 17

原因は「人の心」ではなく「仕組み」に求める

問題解決のヒント 2

「働き方改革」がうまくいかない根本的な理由

長時間労働をやめよう、残業と休日出勤をやめよう、ワークライフバランスを大事にしよう…「働き方改革」ってよく聞くよね。

でも実際には成功していない企業がほとんどだ。

なぜかというと「労働時間は減らしていいけど、売上は減らさないでね!」というのが経営者の本音だから。

売上＝単価×件数

売上は商品1個の値段×売った個数で決まるよね。そして個数（件数）は労働時間に比例する。つまりこういう式になる。

売上＝単価×（労働時間×効率）

いまの「働き方改革」は、「労働時間を減らして効率をアップしよう」と頑張っている状態。でも無駄を省いてスピードアップするのも、限度があるよね。

なぜ、「単価」を上げることを考えないんだろう？

売る商品の値段が2倍になれば、働く時間は半分で済むのに!

日本の会社員が忙しいのは、「安くなければ買ってもらえない」という思い込みで薄利多売に走っていたからだ（これをデフレという）。

「いいものなら高くても買いたい」「○○にだけはお金を惜しまない」という人たちは意外と多い。その層に向けて付加価値の高い商品を売ることこそが、本当の働き方改革につながるんだよ。

解決策で行き詰まったら、「そもそも問題点がズレているんじゃないか?」と考えてみよう。

STEP 3

CHAPTER2

問題解決のルール4

解決策で行き詰まったら、「視点」を変えてみる

問題

全国の救急車が 2018 年に出動した件数は約 660 万回で、25 年のあいだで倍増している。しかし救急搬送の必要がない通報が半数を占め、いたずら電話も多いという。これについて、あなたの意見を述べなさい。

ガッカリ答案

救急車をタクシー代わりに呼んだり、119 番にいたずら電話をかけたりするなど、モラルが低く、行政に甘えた人が増えている。

そこで、人々の意識を改革するために心の教育を徹底すべきだ。そしていたずら電話には重い罰則を与えるべきだと思う。

前のページまで読んでくれた君なら、「心の教育」という結論に効果がないことはわかるよね？

実は「重い罰則」というのも効果が薄い結論だ。「バレなきゃいいや」と思う人まで変えることはできない。校則を破ったり、隠れて悪さをしたことのある人ならわかるだろう（笑）。

「では、どうすれば安易な通報をする人を変えられるのか？」

おや？　もしかしたら、この問い方がすでに間違っているのかもしれないよ。「悪い子」を変えようとしているもんね。

発想を変えよう。通報する人ではなく、通報を受ける側（救急センター）はなぜ「安易な通報」「いたずら電話」を見抜けないのか？

そこには119番通報の「仕組み」が関係しているかもしれないよ。

スッキリ答案

安易な通報やいたずら電話でも救急車が出動してしまうのは、いまだに119番が音声通話だからである。音声だけでは現場の状況が正確にはわからないため、悪質だと判断できない限り救急車を出動させるしかない。

したがって、119番をテレビ電話に対応させるべきである。映像があれば本当に救急車が必要かどうかを判断できるし、的確なアドバイスも可能になる。また顔がわかればいたずら電話もできなくなると考えられる。（196字）

オキテ 18　いい解決策が出ないときは、原因・問題点に戻ろう

CHAPTER2 の POINT

問題解決のルールまとめ

[問題提起]「雰囲気」や「気分」ではなく、「実害」をあげる

BAD	GOOD
不愉快、見苦しい、不公平、非常識、不謹慎、許せない、ふさわしくない	誰かが命を失う、健康を損ねる、お金を失う

[原因分析]「人の心」ではなく「仕組み」のせいにする

BAD	GOOD
意識が低い、怠けている、やる気がない、民度が低い、国民性、場の空気	ルール、手順、デザイン、場所、環境が悪い

[解決策]いいアイデアが出ないときは「原因」「問題点」に戻る

BAD	GOOD
禁止令、罰則、貼り紙、呼びかける、厳しく監視しよう、一人ひとりが意識しよう、小学校のうちから教育しよう	「もっと効果的な仕組みはないか？」「そもそも問題点が違うんじゃないか？」

LEVEL 0 本格的な問題に挑戦しよう!

CHAPTER2 では「小論文を解く」プロセスを順を追って紹介してきた。

ステップ1　資料・課題文を理解し出題意図を見抜く
ステップ2　出題意図に合った段落構成を選ぶ
ステップ3　問題を解決して設問に答える

この CHAPTER のおさらいとして、実際に大学入試で出そうな形式と難易度の練習問題を用意してみた。上の 3 つのステップを踏みながら、いっしょにこの問題を解いてみよう。

問題　**次の表は、各国／地域の数学教育の状況を調査した結果である。これを見て、日本の数学教育について考えたことを述べよ。**

表１　各国／地域の数学の平均得点（中学２年生）

国／地域	平均得点
シンガポール	616
台湾	612
韓国	607
日本	594
香港	578
ロシア	543
アイルランド	524
リトアニア	520
イスラエル	519
オーストラリア	517
ハンガリー	517
アメリカ	515
イングランド	515
フィンランド	509
ノルウェー	503
スウェーデン	503
キプロス	501
ポルトガル	500
イタリア	497
トルコ	496
カザフスタン	488
フランス	483
ニュージーランド	482
バーレーン	481
ルーマニア	479
アラブ首長国連邦	473
ジョージア	461
マレーシア	461
イラン	446
カタール	443
チリ	441
レバノン	429
ヨルダン	420
エジプト	413
オマーン	411
クウェート	403
サウジアラビア	394
南アフリカ	389
モロッコ	388

表２　「数学が得意だと思う」（中学２年生）

国／地域	割合(%)
エジプト	72
イスラエル	68
サウジアラビア	68
オマーン	67
カザフスタン	67
ヨルダン	67
レバノン	66
バーレーン	64
アラブ首長国連邦	63
イングランド	63
イラン	63
モロッコ	62
アメリカ	60
ノルウェー	60
アイルランド	59
ジョージア	59
スウェーデン	59
カタール	57
キプロス	57
オーストラリア	56
ロシア	56
イタリア	55
クウェート	55
ハンガリー	55
フィンランド	55
フランス	55
リトアニア	55
ニュージーランド	54
シンガポール	52
チリ	51
トルコ	50
南アフリカ	47
韓国	46
香港	46
ポルトガル	45
ルーマニア	41
台湾	40
日本	39
マレーシア	36

IEA（国際教育到達度評価学会）資料より

STEP 1

資料を正しく理解しよう

答案を書き始める前に、資料を正しく理解できたかどうかを確認しよう。**グラフや表が登場する「データ型」の出題には「正解」と「不正解」があって、「自由な解釈」なんて余地はない。**

出だしから「読む価値なし」と判定されないよう、慎重に。

ガッカリ資料解釈

日本、韓国、台湾、シンガポールのアジア勢が上位を占めているのに対し、南アフリカやモロッコなどのアフリカ勢が最下位となっている。教育格差は経済格差につながるため、これらの国々の教育レベルを上げることが課題である。

設問を読もう。「日本の数学教育について」とはっきり書いてあるじゃないか。あくまでも主役は日本の中学生であって、モロッコの子どもたちを心配している場合じゃない。

この資料に見られる「日本の数学教育の問題点」とは何だろう？

モヤモヤ資料解釈

表２を見ると、「数学が得意だと思う」と答えた日本の中学生の割合は下から二番目である。つまり日本では数学の苦手な子が多いということだ。私のクラスでも大半が文系を志望しており、もっと数学が得意になるような教育方法が求められている。

うーん、惜しい。表が２つあることの意味を考えてみよう。

たしかに表２では日本の中学生が「苦手意識」を持っているといえるよね。でも表１を見る限り、日本の子たちはトップクラスの成績を取っている。

これって、矛盾してない？

そう。**この問題で表を２つ並べた出題者の意図は「この矛盾に気づくかどうか」なんだよ。**

スッキリ資料解釈

表１では日本の中学生が世界でもトップレベルの成績であることが示されている。しかし表２を見ると、その日本の中学生たちが数学に「苦手意識」を持っているという矛盾がある。つまり実際の成績はいいのに自信がないということが、日本の数学教育の課題である。

オキテ 19　２つの資料のあいだの「矛盾」に気づこう

STEP 2

段落構成を選ぼう

資料から出題意図を見抜けたら、次は段落構成を決めよう。

「数学の成績はいいのに自信がない」というのは賛成／反対に分かれることかな？　いやいや、普通に考えて「問題」だよね。

つまり段落構成は「原因分析型（ディスカッション型）」を選ぶのが正解だ。

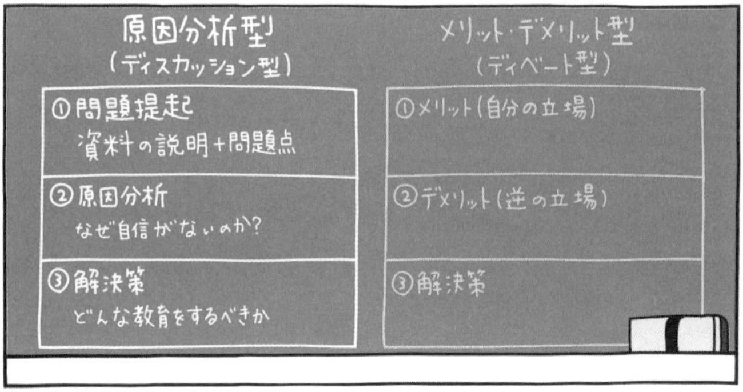

ここまで決まったら、各段落の内容を練っていこう。

STEP 3

設問に答えよう

段落 1 問題提起　それって何が問題なの?

成績はいいのに自信がない、という資料の出題意図はわかった。

でも、それって何か問題あるの?

自信がなくても成績がよければいいじゃないか。むしろ自信過剰で傲慢な人間になるより、ちょっとくらい自信がなくて謙虚な人の方が好感度は高いかもしれない。

小論文の答案として「問題提起」をするためには、「成績はいいのに自信がない」という矛盾がいったいどのように「問題」なのかをはっきりさせる必要があるんだよ。

ガッカリ問題提起

未来を担う子どもたちはもっと自信を持つべきだ。たかが数学でこれだけ自信を失っていたら、これから先の人生、部活にも恋愛にもチャレンジできなくなってしまう。そんな消極的な人生でいいのだろうか。

別に、いいじゃん（笑）。部活でも恋愛でも、失敗しないように慎重に事を進める人はいるものだ。みんながみんな当たって砕けろのチャレンジ精神を持たなければならない、という話でもない。

出題者の意図は「数学に自信のない子が多いと、誰にどのような『実害』が発生するのか」という点だ。

スッキリ問題提起

多くの中学生が数学に自信がない状態を放置すると、高校で進路を選択するとき、本当は数学ができるのに「苦手だ」と思いこんで理系ではなく文系を選択する生徒が増えると考えられる。理系の人材が減ると、工業や情報産業を担うエンジニアなどが少なくなるため、日本の競争力が低下して経済的に衰退してしまう恐れがある。

段落 2　原因分析　ヒントはデータの中にある

次は原因分析。「成績はいいのに自信がない」という不思議な現象はなぜ起きるのか？　こうなってしまう「仕組み」とは何か？

ガッカリ原因分析

日本の中学生が「数学が得意ではない」と回答するのは、謙虚さを美徳とする日本人の国民性によるものだ。これを克服するには、数学の他にプレゼンテーションなど欧米のような自己主張のトレーニングもする必要がある。

資料をよく見よう。シンガポールや台湾、韓国も「成績はいいのに自信がない」という日本と同じ傾向を示している。

原因は日本人特有の国民性ではないのだ。

ためしにサウジアラビアの順位を見てみよう。表１では下から３番目の成績なのに、表２では上から３番目と自信満々。これは日本やシンガポールとは正反対の傾向だ。

成績のいい子ほど自信がなく、成績の悪い子ほど自信がある。

普通に考えてみよう。子どもの成績を上げるには、何をする？

おそらく難しい問題で鍛えるだろう。すると学力はつくだろうが、「難しかった、高得点を取れなかった」という感想が残る。

逆に、易しい問題ばかりやらせたらどうなるか？　おそらく簡単に正解できてしまうので「俺、数学の天才じゃね？」と自信は持てるだろうが、学力がつくとは思えない。

スッキリ原因分析

日本の中学生が成績はいいのに自信を持てない理由は、教材やテストが難しいからである。問題が難しければ、たくさん勉強しなければならないため学力は上がるだろう。しかし減点される問題が多ければ「できなかった」という敗北感が残ってしまう。このように難易度と自信が反比例すると考えると、シンガポールや台湾、韓国が日本と同じ傾向を示すことも説明がつく。そして逆にサウジアラビアなど成績が低い国の子どもほど自分が得意だと思っているという傾向も理解できるのである。

段落 3 解決策　アイデアに詰まったら、発想を逆にしてみる

さあ、いよいよ解決策だ。成績はいいのに自信がない原因が「テストの難しさ」だとすれば、何をどう変えたら解決できるだろう？

ガッカリ解決策

日本の子どもたちに自信を取り戻させるためには、テストを簡単にするか、合格点を下げればいい。無理なく正解できて、70点でも合格ということにすれば苦手意識を持つことはない。

たしかにテストが簡単なら苦手意識は持たないかもしれないけれど…これでは「成績は低いのに自信満々な国」と同じことになってしまいそう。

あくまでも教えるレベルは下げずに、「自分もできる！」と思わせることが目標だ。そんなことできるだろうか？

アイデアに詰まったときは、発想を逆にするという手がある。「苦手」の反対、「得意」に目を向けてみよう。

みんなは何点取ったら「数学が得意」と思える？

70点？　それとも80点？　これは人によって差がありそうだね。95点でも「失敗したー！」って言う人、いるもんね。

誰が見ても「数学が得意」と思える点数って、何点だろう？

それは「100点」じゃないかな？

スッキリ解決策

成績は下げずに自信を持たせるためには、難しい問題でも最終的には満点に到達できるテストの仕組みが必要である。従来のテストは基本的に一回のみで、できなかった問題は減点されただけで終わってしまう。これを一回で終わらせず、不正解だった問題は何度でも解くチャンスを与えれば最終的には「満点」という達成感を得ることができる。生徒の学力に応じて十分な時間を与えたりヒントを出したりすれば、クラスの全員が満点を取ることが可能である。時間はかかるかもしれないが、この方法によって高い学力は維持したまま、全員が「自分は数学が得意」という自信を持つことができ、将来の理系人材の層を厚くすることができると考えられる。

「テストを何回も受けるなんて、非常識だ！」
「満点取るまで待つ余裕なんてない！　教員は忙しいんだ！」
真面目な先生からはそんな苦情が聞こえてきそう（笑）。
でも「試験時間内に１回だけ」という従来の常識こそ、単なる思いこみに過ぎなかったのかもしれないよ。
ここまでの各段落をつなげると、次のような答案が完成する。

スッキリ答案

表1では日本の中学生が世界でもトップレベルの成績であることが示されている。しかし表2を見ると、その日本の中学生たちが数学に「苦手意識」を持っているという矛盾がある。つまり実際の成績はいいのに自信がないということが、日本の数学教育の課題である。多くの中学生が数学に自信がない状態を放置すると、高校で進路を選択するとき、本当は数学ができるのに「苦手だ」と思いこんで理系ではなく文系を選択する生徒が増えると考えられる。理系の人材が減ると、工業や情報産業を担うエンジニアなどが少なくなるため、日本の競争力が低下して経済的に衰退してしまう恐れがある。

日本の中学生が成績はいいのに自信を持てない理由は、教材やテストが難しいからである。問題が難しければ、たくさん勉強しなければならないため学力は上がるだろう。しかし減点される問題が多ければ「できなかった」という敗北感が残ってしまう。このように難易度と自信が反比例すると考えると、シンガポールや台湾、韓国が日本と同じ傾向を示すことも説明がつく。そして逆にサウジアラビアなど成績が低い国の子どもほど自分が得意だと思っているという傾向も理解できるのである。

したがって、成績は下げずに自信を持たせるためには、難しい問題でも最終的には満点に到達できるテストの仕組みが必要である。従来のテストは基本的に一回のみで、できなかった問題は減点されただけで終わってしまう。これを一回で終わらせず、不正解だった問題は何度でも解くチャンスを与えれば最終的には「満点」という達成感を得ることができる。生徒の学力に応じて十分な時間を与えたりヒントを出したりすれば、クラスの全員が満点を取ることが可能である。時間はかかるかもしれないが、この方法によって高い学力は維持したまま、全員が「自分は数学が得意」という自信を持つことができ、将来の理系人材の層を厚くすることができると考えられる。

(795字)

オキテ 20

資料の理解→問題提起→原因分析→解決策。800字の答案もステップの積み重ねでできている

文章上達のコツ 1

「私は」をやめてみよう

文章の印象を良くする、手っ取り早い方法がある。

それは「客観表現」で統一すること。

大人の文章と子どもの文章を分ける一番のポイントが「客観的か主観的か」という視点の違いだ。

たとえば、書き出しを「私は」で始める癖のある人は多いよね。これが文章を子どもっぽい印象にしてしまう。

小学校の作文は「ぼくは/わたしは」で書き始めていたけれど、あれは「自分の主観をしっかり言葉にする」というのが教育目標の一つだったからだ。

でも高校生以上の大人の文章に求められるのは客観性。「私の思い込みではなく、誰が見ても正しいですよ」という立場だ。

小論文を「私は」で書き始めると、その時点で「私の目から見た半径2メートルの主観の話です」と宣言したことになり、説得力が半減してしまう。

小論文の答案では「私は」を主語にするのをやめよう。

その代わりに「物事」を主語にするといい。

「私はオムライスが好きだ」

→「オムライスは人気メニューだ」

「私はダンスが得意だ」

→「私の特技はダンスです」(文法上の主語は「特技は」)

体験談を書くときも、「私は」ではなく「私の◯◯は」「私が△△したのは」を主語にすると、自分を客観的に振り返っている大人の体験談っぽくなる。

CHAPTER

3 実際の入試問題に挑戦

小論文の読み方・解き方・考え方の基本がわかったら、いよいよ実際の入試問題で腕試しをしてみよう。どれも手応えのある問題ばかり。これができたら、君はもう無敵だ!

LEVEL 1

データを踏まえて、対立する議論を整理せよ

聖路加国際大学　看護学部　2019年度

表.最終学歴と死亡の関連性

性別	最終学歴	相対危険度					
		全死因	がん	虚血性心疾患	脳血管疾患	呼吸器疾患	外因
男性	15歳以下	1.14	1.15	0.77	1.20	1.21	1.75
	16-17歳	1.06	1.05	0.90	1.05	1.15	1.47
	18歳以上	1.00	1.00	1.00	1.00	1.00	1.00
女性	15歳以下	1.23	1.09	1.01	1.38	1.10	1.83
	16-17歳	1.03	1.02	0.84	1.01	0.78	1.17
	18歳以上	1.00	1.00	1.00	1.00	1.00	1.00

注：外因とはけがなどの損傷や、中毒、窒息など外部の原因のことを指す。

出典：Fujino Y, Tamakoshi A, Iso H, Inaba Y, Kubo T, Ide R, Ikeda A, Yoshimura T ;JACC study group. A nationwide cohort study of educational background and major causes of death among the elderly population in Japan. Prev Med 40(4):444-51,2005

問1　表は日本の高齢者の最終学歴（最後の学校を卒業した年齢）と死亡の関係を相対危険度という指標を用いて表したもの

である。表の相対危険度は18歳以上で最後の学校を卒業した者の死亡しやすさを1として、15歳以下、16-17歳以下で最後の学校を卒業した者それぞれの死亡しやすさを表している。次の文章はこの表から読み取れることを記述したものである。文章中の①から⑤に適切な数値、表現を記入せよ。

1) 全死因では、男性においては18歳以上で教育を終えた者に比べ、15歳以下で教育を終えた者では（　①　）倍死亡しやすく、女性においては、18歳以上で教育を終えた者に比べ、15歳以下で教育を終えた者では（　②　）倍死亡しやすい。以上から男女ともに学歴が高い者の方が死亡しにくいと考えられる。
2) 死因別でみると、男性においては18歳以上で教育を終えた者と比べて15歳以下で教育を終えた者の方が相対危険度が高いのは（　③　）を除く全ての死因である。女性においては、18歳以上で教育を終えた者と比べて15歳以下で教育を終えた者の相対危険度が最も高い死因は（　④　）であり、次に（　⑤　）の相対危険度が高い。

問2　学歴などの社会経済的地位による健康状態の格差は健康の社会格差と呼ばれている。この健康の社会格差に関し、社会経済的地位や健康管理は個人の努力の結果であり、自己責任であるという意見と自己責任だけではなく社会の問題として考えるべきという意見がある。これについて、どちらの意見を支持するかを明確にした上で、あなたの考えを600字以内で述べよ。

STEP 0

問1の解答・問2のガッカリ答案

まず、問1 の答え合わせをしよう。

問1 の正解

①1.14　②1.23　③虚血性心疾患　④外因　⑤脳血管疾患

問1 は空欄を埋めるだけなので難しくはない。1）と2）それぞれの説明を読みながら該当する項目を見つけるという機械的な作業なので、得点の差はつかない。

合否を決めるのは 問1 を踏まえた上での 問2 だ。

問2　ガッカリ答案

私は自己責任であるという意見を支持する。なぜなら学歴というのは本人の努力の結果であり、最終学歴が15歳以下つまり中卒というのは高校受験のための勉強すら怠けていたということだからだ。努力しないために仕事にも就けず、生活保護をもらって酒とタバコとパチンコで使い果たす人たちも多いが、それで不健康になった人たちを社会が税金で助ける必要はあるのだろうか。

よって私は、健康の社会格差は自己責任であるという意見を支持する。

「健康の社会格差は自己責任か」という短文テーマ型の出題なら、この答案もあり得る…かもしれない。

でも、データ型問題の答案となると話は別だ。

「酒とタバコで不健康」では「外因」の相対危険度が最も高い理由にならないし、「本人の努力の結果」と問答無用で最初から決めつけてしまっている。出題者（＝採点者）が読めば、表のデータも 問2 の問題文もろくに見ないで書いたことがバレバレだ。資料をちゃんと読んだ答案とはどう違うのか、じっくり見ていこう。

STEP 1 資料を理解しよう

読解ポイント 1 資料の説明をよく読もう

「最終学歴が15歳以下？　中卒ってそんなに多いっけ？」

この辺がピンとこない高校生も多いかもしれないね。

問1 の説明を読むと、これは「高齢者の最終学歴」。いまでこそ高校進学率は98パーセントだけれど、戦前は尋常小学校だけが義務教育だった。高校進学率が50パーセントを超えたのは戦後の1954年からだ。

それに経済状況がいまとは全然違う。まだ国民全体が貧しかった時代、高校進学できるのは経済的に恵まれた人だけだった（公立高校の学費が無償化されたのは2010年、つい最近のこと）。

つまりこの表における「最終学歴15歳以下」と「18歳以上」の差は、「学力の差」だけでなく「親の経済力の差」でもあるわけだ。

ちなみに「16-17歳」というのは旧制中学校とか師範学校とか、戦前の学校の制度が複雑だった名残なので、ここでは無視していい。

読解ポイント 2 データの向こう側には「人の生き方」がある

学歴によって死亡率が違うというのは、どういうことだろう？

まず考えられるのは、就ける職業の違いだ。高学歴になるほど官僚や企業の管理職など、デスクワークが多くなる（ホワイトカラーとも呼ぶ）。それに高収入なのでいいものも食べられるだろうし、医療費も十分払うことができるだろう。

逆に学歴のいらない職種といえば、建設現場や工場の作業員、農業や漁業など（ブルーカラーと呼ばれる）。体を酷使しがちだし、現場では危険も多い。ホワイトカラーに比べて低所得であれば、食費や医療費にも余裕がないかもしれない。

データは単なる数字ではない。その数字の向こう側には生きている人間がいるんだよ。それぞれの生き方、暮らし方を想像してみると、資料の内容を深く理解することができる。

オキテ 21

数字の向こう側の「人の生き方」をイメージしよう

STEP 2

段落構成を選ぼう

段落構成を考えるときは設問をよく見よう。

表のデータにどれだけインパクトがあったとしても、段落構成を決めるのは設問の表現だ。

着目すべきは「意見が２つに割れるテーマ」か「誰が見ても問題であるテーマ」か。もう一度設問をよく読んでみよう。

問2　**学歴などの社会経済的地位による健康状態の格差は健康の社会格差と呼ばれている。この健康の社会格差に関し、社会経済的地位や健康管理は個人の努力の結果であり、自己責任であるという意見と自己責任だけではなく社会の問題として考えるべきという意見がある。これについて、どちらの意見を支持するかを明確にした上で、あなたの考えを600字以内で述べよ。**

「健康の社会格差をなくそう」という設問ではないよね。

健康の社会格差は「自己責任」なのか「社会の問題」なのかという設問だ。２つの意見の対立に決着をつけよう。

したがって段落構成は「メリット・デメリット型（ディベート型）」を選ぶのが正解。「メリット・デメリット」というとピンとこないかもしれないけれど、「自分が支持する立場」と「自分とは逆の立場」を比較すると考えたらわかりやすいかもしれない。

ただし、今回は「どちらの意見を支持するかを明確にした上で」という条件があるので、これを第一段落の１行目に書くことを忘れずに。

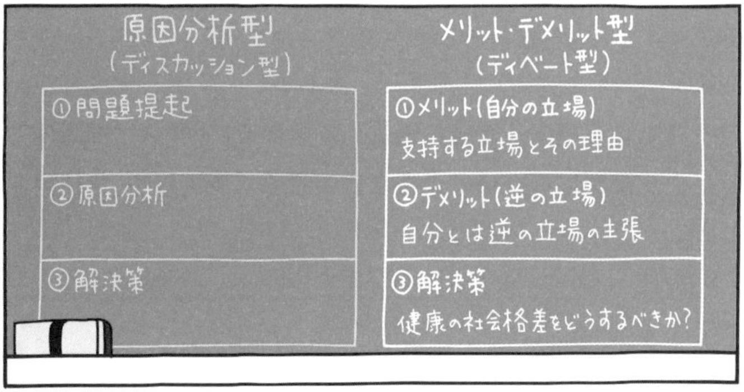

オキテ 22
「立場を明確に」のときは
「①自分の立場、②逆の立場、③解決策」

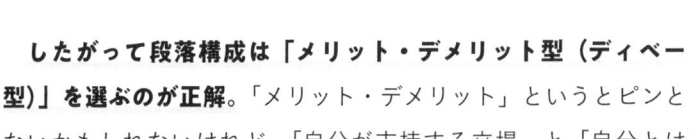

問われているのは「立場の選択」ではなく「解決策」だ

この手の問題では「私は◯◯を支持する。なぜならば〜」と立場と理由だけ述べておしまいにしてしまう人がいるけれど、それは出題者の意図がわかっていない。

設問をよく読むと「これについて、どちらの意見を支持するかを明確にした上で、あなたの考えを」とある。

問われているのは「立場の選択」ではなく、「これ（健康の社会格差という問題）についてのあなたの考え（解決策）」を提案することだ。

どちらにも一理あって絞れないときは?

今回のように「2つの立場から選べ」という問題では、読んでみるとどちらの立場にも一理あって絞りきれないことも多い。

こういう場合は、いきなり原稿用紙に「私は◯◯に賛成だ」と書き始めるのではなく、メモ用紙などに両方の立場の主張を整理してみるといい。どちらの立場を選ぶかはあとで考えよう。

「自己責任」派の言い分

「所得が低いのは本人が勉強や努力をしなかったから。長生きしにくいのは自分の健康管理を怠ったから。何十年も怠けて生きてきたのだから、それは自業自得だ。それなのに、努力して稼いだ人たちの税金で彼らを助けるのは不公平だ」

「社会の問題」派の言い分

「貧しくなるのは必ずしも本人のせいとは限らない。親の経済的事情で教育を受けられなかった人、生まれつきの病気や障害で勉強したり働いたりできなかった人の場合、本人が怠けたからだと言うことはできない。したがって彼らを助けるのは社会、行政の役目である」

2つの意見が生じる理由①

表の解釈をしたときに、学歴の差は「学力の差」だけでなく「親の経済力の差」でもあるといったのを覚えているかな？

そう。学力と経済力、両方ある。

だから学力に目を向けた人は「自己責任」と考えるし、「親の経済力」に目を向けた人は「社会の問題」と考えるわけだ。

どちらかが間違っているのではなく、別々の点を見ているだけだったのだ。

2つの意見が生じる理由②

「自己責任」派と「社会の問題」派それぞれの言い分をよく読むと、どちらも同じような表現をしていることに気づくかな？

「貧しいのは本人のせいだ。だから社会が助ける必要はない」

「貧しいのは本人のせいではない。だから社会が助けるべきだ」

どちらも「誰のせいなのか」と「誰が助けるべきか」の２点について主張しているね。

そう。「責任」という言葉には「誰のせいなのか」と「誰が後始末するのか」という２つの意味があるんだよ。

つまり「自己責任」派と「社会の問題」派の議論は「原因は学力か経済力か」という解釈の違いと「社会が助けるべきか否か」という方針の違いでもあるわけだ。

論点を細かく分けると、優先順位が見えてくる

双方の話が噛み合わなかったのは、「誰のせいなのか」と「誰が助けるべきか」という２つの論点がごっちゃになっているからだ。

一旦これらの論点を分解して、整理してみよう。

もし貧しいのが「環境のせい」なら「社会が助ける」のは当然かもしれない。でももし「本人のせい」なら、「社会が助ける」ことには「甘やかしている」などの批判があるかもしれないね。

一方、「本人のせい」で貧しくなった人を「社会が助けない」というのは一理ある。でももし「環境のせい」なら、「社会が助けない」というのは理不尽な話だよね。

表にまとめるとこういうことだ。

	社会が助ける	社会が助けない
本人のせい	甘やかし？	当然
環境のせい	当然	理不尽

「環境のせい」で貧しくなった人たちを理不尽から救うのか、「本人のせい」で貧しくなった人たちの甘やかしを防ぐのか。悩ましいのは、現実の社会にはどちらの人たちもいて、他人（行政）の目には区別がつきにくいということだ。

君なら、どっちの政策を選ぶかな？

構成メモを作り、600字の答案を完成させよう。

ここまで考えが深まったら、3段落の構成にまとめてみよう。どちらの立場を選ぶかは自由。支持する立場を第一段落に書こう。

たとえば「社会の問題」という意見を支持するなら、次のようになる。

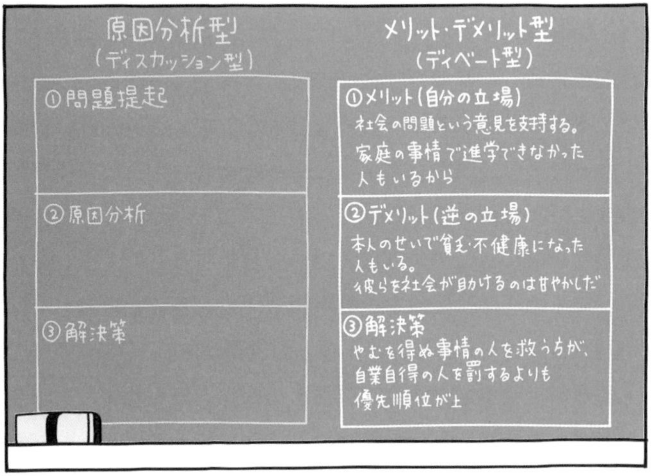

では、いよいよこれを各段落200字程度、合計600字以内の小論文にまとめてみよう。

スッキリ答案（問2）

私は健康の社会格差は社会の問題として考えるべきという意見を支持する。表における最終学歴が「15歳以下」の高齢者の中には経済的事情で進学できなかった人も多く含まれると予想されるからである。本人の努力以外の要因で高等教育を受けられず、過酷な労働に従事して健康を損ねた人が多数含まれるとしたら、彼らを支援するのは社会や行政の責務だといえる。

これに対し、健康の社会格差は自己責任であるという意見は、本人が勉強を怠けたために進学できず、給料の高い仕事に就くための努力もせず、酒とタバコで憂さ晴らしする自堕落な生活で健康を損ねた人たちを想定している。たしかに低所得層の中にはこのような人たちも含まれると考えられるため、彼らの生活や医療を社会が税金で支えることに対しては「不公平」「甘やかしている」などの批判がある。

健康の社会格差は社会の問題なのか自己責任なのかという議論は、言い換えれば、貧困や不健康に陥っている人たちを社会や行政が公的に支援すべきか否かという議論である。行政の役割が住民の生命と財産を守ることであるとすれば、一部の「ずるい人たち」を戒めるために「やむを得ぬ事情で困っている人たち」を犠牲にすることは本末転倒といえる。低所得層に対する健康指導や手厚い医療の提供は、社会の問題として行政が担うべきである。　（553字）

オキテ 23

双方の論点を整理すると、優先順位が見えてくる

LEVEL 2 「植民地的な発想」の外国語学習とは？

神戸市外国語大学　英米学科　推薦　2020年度

次の文章を読み、設問に答えなさい。

日本人が外国語と接する時には特にその言語を自分にとってどういう意味を持つものにしていきたいのかを考えないで勉強していることが多いように思う。すると、上手い、下手だけが問題になってしまう。そうなってしまう歴史的背景もあるだろう。特に英語やフランス語など西洋の言語は、日本社会の内部での階級差別の道具として使われてきた。英語が下手だと入試に落ちて一流大学に行けないというだけのことではない。もっと漠然とした「階級意識」の演出に外国語が使われることが今でもある。最近日本のマンガを読んでいたら「このフレンチ・レストランはメニューもすべてフランス語のみ、高級な客しか相手にしない」という文章があった。外国語を習うこと、留学するということは「高級に」なること、つまり普通の人と差をつけて、国内で階級を上へ這い上がるという象徴的な意味を持っているらしい。しかも、誰が上手で誰が下手かということが確実に言えるということは、それを決定する権威が自分たちではなく、どこか「外部の上の方」にあるということである。その権威は日本で抽象化された「西洋人」の偶像であり、その権威が、自分の言葉が「上手」かどうかを決めてくれる、という発想である。それは家元制度的な発想と言うよりは、むしろ植民地的な発想だと言えるだろう。なぜなら、家元制度では師匠は組織の内部の人間だし、抽象化された偶像ではなく一応血の通ったひとりの人間だからだ。抽象化された「西洋人」を権威機関として崇めるということは、具体的な西洋出身の個人を無視するということにもなる。実際に生きている生身の西洋人は、トルコ系ドイツ人、韓国系ドイツ人、インド系イギリス人や、ベトナム系フランス人、アフリカ系アメリカ人、日系アメリカ人などいろいろな人たちから成り立っているが、そういう多様性があっては、「西洋」が差別の機械として機能しないので、生身の西洋人は無視し、自分の頭に思い描いている「西洋人」像を保持するというような状況が、ごく最近まで日本にあったような気がする。

もう二十年以上も前になるが、まだ日本に住んでいた頃、アテネ・フランセ（注）で「車に轢かれた犬」という映画を見た。日本で暮らす西アフリカから来た日本文化研究者の話だが、彼は、日本に住んでいるフランス人たちには「アフリカには餓死している人がいるのに君は日本学なんかやっていていいのか」と言われ、飲み屋では酔っぱらった日本人に「アフリカでは人の肉を食うって本当ですか？」と聞かれ、かっとなってテーブルをひっくり返してしまう。フランス語を教えるアルバイトをしようとして広告を出すと、希望者の若い日本人女性が家に訪ねて来るが、彼がアフリカ人であるのを見ると驚いて走って逃げて行ってしまう。このシーンは、日本人が「フランス語」というものに背負わせている屈折した願望と、劣等感から来る自覚症状のない不安を鋭く照らし出しているように思った。「自分たちはアフリカと同じくヨーロッパ人が勝手に野蛮人と見なしていたアジアの人間であるが、今は金持ちになったので、そのお金で高い授業料を払ってフランス語を習うことで、野蛮人ではないことを再確認したい」と無意識に思っているのに、よりによって野蛮人と思われ続けた被害者の代表とも言えるアフリカ人がフランス語の教師として姿を現したので、あわてて逃げていったのだろう。これはつまり、日本人はヨーロッパの野蛮観をなぜかそのまま受け入れてしまったということになる。このような妙な劣等感は、経済成長にとって隠蔽されはしたが、消えてなくなったわけではない。日本人が野蛮人ではない理由は、革靴だけが文明なのではなく足袋も文明なのだという単純な理由からなのだが、そういう考察は省略されてしまって、日本人はお金を持っているから野蛮人ではない、という変な形で傷を癒そうとしていた時代に、わたしはまさに生まれ育ったことになる。わたしがドイツに移住した一九八〇年代には、ヨーロッパで高級品を買い漁ったり、高級レストランに行くのが日本人ばかりであることを中年以上の日本人自身が変に強調したがったのは、それで潜在的劣等感の巻き起こすストレスが解消されたからだろう。泡立つバブルの泡銭を使って贅沢して楽しんだというなら分かるが、そうではなくて、その買い物熱には、怨みを金で晴らすというような攻撃性が感じられた。その結果、ヨーロッパ中心主義を外から見て無力化するチャンスを逃してしまっただけでなく、ヨーロッパ文明を消費者の文明としてのみ捉え自分たちをその一部であるという考え方が一般化し、歴史が消しゴムのカスになって机の下に払い捨てられてしまったような気がする。たとえば、最近の日本人は「アジアに行く」などと言う。わたしなどは「え、どういう意味？」と驚くが、彼らにとって「アジア」には日本が入っていないから、この言い方はおかしくないのだそうだ。アジアを地理的、歴史的に捉えず、経済的な単位としてとらえているらしい。

日本の劣等感を取り上げるのは時代錯誤で、今の人はそのようなことは問題にしていない、と言う人がよくいる。フランス語を学ぶのは単に楽しいから、パリに行くのは買いたいものがあるから、フランス料理を食べるのは単に美味しいから。それだけのことで、もう劣等感も怨みもどこにもない、何も難しいことなど考える必要はないのだ、と。でも、ヨーロッパ中心主義と日本のねじれた国粋主義の問題は、乗り越えられたかのように見えるだけで、実際には手つかずのまま一万円札の下に埋まっていたような気がする。経済危機の時代が、それらの問題について考え直すいい機会になれば、バブルもはじけがいがあったというものだと思うが、なかなかそうもいかないようだ。バブルがはじければ今度は、フランス語などの「外国語」は単なる飾りであり贅沢品だからやめて、本当のビジネスに役立つ英語だけやっていればいい、という方針に無反省に移行してしまう傾向が出てくる。それで、日本の大学は英語以外の外国語教育の予算をどんどん削っているらしい。

外国語をやることの意味について本気で考えなければ、外国語を勉強することによって逆に国の御都合主義にふりまわされ続けることになってしまう。

出典:多和田葉子『エクソフォニー——母語の外へ出る旅』岩波現代文庫　二〇一二年より抜粋

(注)東京御茶ノ水にある語学学校。

設問

傍線部 植民地的な発想 とあるが、このような発想に縛られることなく外国語を学ぶためには、どのようなことが必要か。具体例を挙げながら、あなたの考えを八〇〇字以内で述べなさい。

ニャアニャア
ーン
ガルルルルルル
ワン
ネコ語
イヌ語

STEP 0

ガッカリ答案

ガッカリ答案（250字バージョン）

植民地的な発想とは、アジアやアフリカの人々に対する差別意識のことだ。私も肌の色や文化の違いで人種差別をするのはよくないと思う。

本文に日本で差別されたアフリカ人の話が出てくるが、私もカナダに留学したとき、とても嫌な思いをしたことがある。

そんな差別をなくすためにも、外国語の授業と並行して差別問題など人権に関する授業も行うべきだ。語学と人格、この2つを兼ね備えてこそ本当の国際人と呼べるのではないだろうか。

受験生の半数くらいが書きそうな答案だ。

一体、この答案のどこが「ガッカリ」なのか？

設問にある「植民地的な発想」について説明しているし、「具体例」もカナダ留学の話が入っている。このまま800字で清書してもよさそうに見えるよね。

ただし、この「植民地的な発想」というキーワードがクセモノだ。文脈を正しく読むかどうかで、この言葉の解釈が2つに割れてしまう。

STEP 1

課題文を理解しよう

「傍線部について」があったら気をつけろ！

「傍線部について～」という設問を見ると、ついつい傍線部の前後だけ見て答えたくなってしまうよね。

でも、それこそが罠だ。気をつけろ。

出題者が線を引いて問題にするのは、「解釈が２つに割れる部分」と相場が決まっている。

文章全体の構造を読み取った人と、表面的に食いついた人で「正解／不正解」がはっきり分かれる。「引っかけ問題」だと思って慎重に読もう。

気をつけるべきは、「対比」と「前半／後半」だ。

読解ポイント 1　冒頭の対比

この文章の冒頭に登場する対比は「外国語との接し方」。「その言語を自分にとってどういう意味を持つものにしていきたいのか」を考えて学ぶのか、それとも「上手い、下手だけ」を問題とするのか。

たしかに学校の英語は「何の役に立つのか」よりも「テストで高得点を取ること」だけが目的になっていたりするよね（「自己目的化」ともいう）。

読解ポイント 2 何が問題なの？

この「上手い、下手だけが問題になってしまう」結果どうなるか？　本文には「日本社会の内部での階級差別の道具」という話が出てくるね。

「君、まだ英検4級なの？ ww　ボクなんか1級だけど？（ドヤッ）」という、日本人同士のマウンティングの道具になるということだ。

読解ポイント 3 どこから後半？

本文の第一段落は「外国語がマウンティングに使われる」という日本人同士の関係の話。でも106ページ課題文14行目の「しかも」から、話が変わっていることに気づいたかな？「(上手、下手を）決定する権威」すなわち「西洋人」との関係の話になっている。

読解ポイント 4 キーワード登場！

ここで今回一番大事なキーワード「植民地的な発想」が登場する。植民地とは、19世紀にヨーロッパ各国が占領して支配していたアジアやアフリカの土地のこと。

つまり、支配者（宗主国という）にペコペコ服従して、自国民同士の序列まで決めてもらおうという飼い犬根性を「植民地的な発想」と呼んでいるわけだ。

このあと続く西アフリカから来日した研究者の話、ヨーロッパで高級品を買い漁る日本人の話、そしてビジネス英語だけやればいいという方針転換の話も、日本人の「植民地的な発想」の例という点で一貫した話だったんだね。

ちなみに、この「植民地的な発想」と対比されているのが108ページ23行目の「ヨーロッパ中心主義を外から見て無力化するチャンス」。**つまり「欧米の一員に入れてもらう」のか「欧米のいい面も悪い面も客観的に見る（相対化ともいう）」のかという対比だ。**

要約してみよう

ここまで読めたら、要約マトリックスに整理してみよう。全体の対比は「望ましい態度（理想）」と「望ましくない態度（現実）」、そして前半は「外国語の学び方」、後半は「外国との関係」だ。

理想
現実
前半
外国語の学び方
後半
外国との関係
自分なりの外国語を学ぶ意味を考える
Business is business.
上手い、下手だけが問題＝国内での階級意識
君4級？ボク1級
西洋中心主義を相対化
世界もいろいろだよね
植民地的な発想
君アジア？ボク西洋
いや、日本人でしょ？
西洋

このマトリックスの4項目をそれぞれ25字くらいで並べると、次のような100字要約が完成する。

最初に紹介した ガッカリ答案 の冒頭と比べてみよう。

スッキリ要約

日本人は外国語を学ぶ意味を考えないため、外国語が上手ければ偉いという階級差別の道具になっている。これは「西洋人」に認められたいという植民地的な発想であり、欧米中心主義を相対化する機会を失っている。（98字）

ガッカリ答案（第一段落のみ再掲）

植民地的な発想とは、アジアやアフリカの人々に対する差別意識のことだ。私も肌の色や文化の違いで人種差別をするのはよくないと思う。

2つの答案の違いに気づくかな？ ガッカリ答案 では「植民地的な発想」を「肌の色や文化の違いによる人種差別」と解釈しているね。これでは前半の日本人同士の差別の説明がつかないじゃないか。肝心の「西洋人の仲間かどうか」という部分が抜けている！

こうして、受験生の半数が落とされるわけだ。

オキテ24 単語のイメージに飛びつくのは読み間違いのもと

STEP 2

段落構成を選ぼう

課題文と出題意図が理解できたら、次は段落構成を決めよう。ここで大事なのは、設問の要求に合う段落構成を選ぶこと。

> **設問** 傍線部 植民地的な発想 とあるが、このような発想に縛られることなく外国語を学ぶためには、どのようなことが必要か。具体例を挙げながら、あなたの考えを八〇〇字以内で述べなさい。

「このような発想に縛られることなく」と書いてあるくらいだから、出題者は「植民地的な発想」を「メリットもあるもの」ではなく「どう見ても問題だ」と考えているはずだ。

したがって段落構成は「原因分析型（ディスカッション型）」を選ぶのが正解。

第一段落で「植民地的な発想」という言葉の意味を説明しつつ、それが「誰にどんな実害をもたらすのか」という問題提起をしよう。

続く第二段落で、そのような「植民地的な発想」を生じさせる原因（もちろん仕組みの問題！）を明らかにした上で、第三段落で「外国語を学ぶために必要なこと」という設問の要求に答える。

「具体例を挙げながら」という条件があるけれど、3つの段落のどこに入れるかは自由だ。

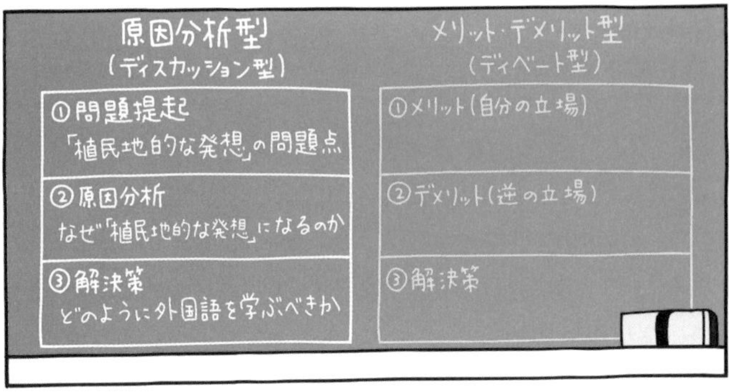

オキテ 25

段落構成を決めるのが先、具体例を探すのはあと

STEP 3

設問に答えよう

段落 1 説得力のある問題提起をしよう

設問から求められているのは「植民地的な発想の問題点」だけど、実際に250字程度の段落にするには、これをさらに2つのポイントに分けると書きやすい（字数を埋めやすい）。

①植民地的な発想とは何か

②それがどう問題なのか

「植民地的な発想」についてはすでに100字の要約で説明しているので使い回そう。残りの150字で「それがどう問題なのか」を説明すれば合計250字になる。

ところで、外国語を学ぶ日本人が「マウンティングのため」に外国語を学んだとして、何が問題なんだろう？

ガッカリ問題提起

何のために外国語を学ぶのかも深く考えず、ただマウンティングのために外国語を習得するのは、動機が不純だと思う。いくら英語が上手で「グローバルな人材」を名乗っても、心の中に西洋中心主義や非西洋への差別意識があっては、その笑顔は偽善ではないだろうか。

まじめな人から見ると「動機が不純」「笑顔が偽善」というのは気に入らないかもしれないね。でも動機というのは目に見えないので、これだけでは誰にも迷惑をかけていない。

説得力のある問題提起、議論する価値のある問題提起とは、「誰かに実害が発生すること」だ。

スッキリ問題提起

西洋中心主義のまま差別の道具として外国語を学んだ日本人は、国際社会の中でも欧米人に対し日本独自の主張をすることは難しいと考えられる。また非西洋の人々への差別意識が態度に出た場合、日本人に対する反発を招くことになる。これらは個人的な人間関係だけでなく日本の国益まで損なうことにもなりかねない。

段落 2 原因分析は解決につながる方向で

第二段落は「原因分析」。なぜ「植民地的な発想」で外国語を学んでしまうのか？

ガッカリ原因分析1

日本人が「植民地的な発想」で外国語を学んでしまうのは、「西洋人」を権威として崇め、英語が下手な人たちに差別意識を持っているからだ。

なんだか話がぐるぐる回っているね。西洋人を崇めて他の人を差別することを「植民地的な発想」と呼んでいるのであって、原因の説明になっていない。「空腹なのは、お腹がすいたからだ」というのと同じ（「循環論法」ともいう）。

問われているのは「なぜ西洋人を崇めて、他の人を見下すのか」ということだ。

ガッカリ原因分析2

日本人が西洋を崇め、それ以外の人たちに差別意識を持つのは、ペリーの黒船来航で西洋文明の圧倒的な力を見せつけられ、西洋を自分たちより上だと思う国民性ができてしまったからだ。

黒船来航で衝撃を受けた過去の歴史をいまさら変えることはできないし、国民性というのも人々の心なので変えることは難しい。

たしかにそれらも一因かもしれないけれど、過去と心に原因を求めても解決にはつながらないんだよ。

現代人の考え方は現代社会の仕組みに影響を受けているはずだ。いまの学生が外国語を学ぶときの仕組み、制度に目を向けよう。

スッキリ原因分析

外国語を階級差別の道具にしてしまう日本人が多いのは、仕事や生活といった実生活で使う必要がないのに、一律に英語を必修科目として教えられるからである。目的がないため単にテストで優劣をつける手段となってしまい、中国語やアラビア語など他の言語と比べることがないため英語だけに価値が置かれてしまうのである。

段落 3 クールな解決策を提案しよう

外国語がマウンティングの道具になってしまう原因が「使う必要がないのに必修科目になっているから」という制度の問題だとすると、解決策も当然「この制度をどう変えるか」という話になるよね。

モヤモヤ解決策

外国語を一律に必修科目にするのではなく、生徒一人ひとりの興味に合わせ、必要を感じたときに履修できる制度にするべきだと思う。

方向性は間違っていないけれど、「生徒が必要を感じたとき」では、いつになるかわからないよね。中学卒業に間に合うか？

「必要性を感じる」という生徒の心をぼんやり待つよりも、「必要になる機会」をビシッと与える方が確実だ。

スッキリ解決策

英語を必修科目として履修させる前に、いろいろな国やいろいろな仕事に触れて外国語を実際に使う体験学習をさせるべきである。

スッキリ答案

筆者のいう「植民地的な発想」とは、外国語が上手い自分を「西洋人」に認められる格上の存在とみなし、外国語の下手な人や非西洋諸国の人々を差別する態度のことである。このような動機で外国語を学んだ日本人は、国際社会の中でも欧米人に対し日本独自の主張をすることは難しいと考えられる。また非西洋の人々への差別意識が態度に出た場合、日本人に対する反発を招くことになる。このように「植民地的な発想」で外国語を学んでも、個人的な人間関係だけでなく日本の国益まで損なうことにもなりかねない。

外国語を階級差別の道具にしてしまう日本人が多いのは、仕事や生活といった実生活で使う必要がないのに、一律に英語を必修科目として教えられるからである。たとえば外国で商売をするビジネスマン、海外チームで活躍するスポーツ選手、国際結婚をして現地で暮らす人などは、その目的によって学ぶ言語も必要とされる語彙もまったく異なるはずであるし、そこに優劣はない。しかし現在の学校のカリキュラムでは実用的な目的がないため、単にテストで優劣をつける手段となってしまう。また中国語やアラビア語など他の言語と比べることがないため英語だけに価値が置かれてしまうのである。

したがって英語を必修科目として履修させる前に、いろいろな国やいろいろな仕事に触れて外国語を実際に使う体験学習をさせるべきである。小学校や中学校でこのような体験をすることは、将来の職業について考える機会にもなり、今後のグローバル社会で日本人が活躍する未来像を描くことにもなる。このように自分にとって外国語がどのように必要なのかを自覚した上で語学を学べば、単なるテストの点数で人を見下すこともなく、しかも英語やフランス語も中国語やアラビア語と対等なコミュニケーションの道具として扱うようになると考えられる。（757 字）

オキテ 26 必要に迫られると学び方が変わるのが人間

Χρυσό τσεκούρι?
Ασημένιο τσεκούρι?
Σίδερο τσεκούρι?
?
え、え〜と…

LEVEL 3 データと文章の複合問題

東京医科歯科大学　保健衛生学科看護学専攻　2020年度

次のAとBの資料を見て、後の設問に応えなさい。

A

まずは「フール・プルーフ」、「フェイル・セーフ」という安全戦略のイロハです。「人は誰でも間違える」可能性を持っています。使用者、利用者が、間違えることを予想して、戦略を立てなければなりません。これまた最近日本に定着した「製造物責任」という考え方があります。もともと、製造物は、消費者の手に渡った後も、製造者が応分の責任を持つべきである、というのが本来の考え方ですから、これも最近家電製品や一部の自動車などで実施され始めた、不用となったものの買取り責任、あるいは廃棄処理責任など、人工物の「ゆりかごから墓場まで」に、製造者は責任があるというのが、趣旨なのです。

しかし、あの有名な事件で、もっぱら使用上の「愚行」に対して、製造者はどこまで責任があるか、というような問題に、関心が集中してしまったようですね。そう、あの電子レンジ事件です。アメリカで、ある主婦がシャンプーした猫を乾かそうとして、電子レンジに入れた、という話です。その後の新聞報道では、どうやら、これは作り話だったようですが、しかし、この話の「教訓」は強烈でした。最近は、小さな道具を買っても、分厚い説明書がついており、湯沸しやパン焼き器のそれにも、「熱くなりますから火傷に気を付けてください」などと書いてあります。新幹線、東京駅などJRのホームでは「足許にご注意ください」という放送が、三秒おきくらいに繰り返されて、気になりだすと頭がおかしくなるほどですが、こういう類は、むしろ逆効果でさえある、と思います。結局は、誰も読まず、誰も聞かず、誰も気に留めなくなるからです。関係者にしてみれば、何かで問題が起きたときに、でもちゃんと注意はしてあるでしょう、と言い訳ができる、そのためだけに、こうしたことが行われている、と邪推もしたくなるほどです。

もう一つ問題なのは、こうした「愚行」対策が、一部ではありましょうが、①マイナスの意味をもっていることです。「フール・プルーフ」とは、猫を電子レンジに入れて乾かそうとするような、「愚行」に対して、備えることである、というような理解があることです。医療の項でお話ししましたように、一部の医師は、明らかに、そのような理解をもっていることを示しました。「自分たちはフールではない」だから「フール・プルーフ」などは意味がない、という発言は、そのことを物語っています。そこでも強調しましたが、「フール・プルーフ」とは断じてそういう意味ではありません。どれほど知識があり、どれほど高度な職能訓練を受けた人でも、自分の職能において考えられないような「間違い」をすることがある、という認識こそ、「フール・プルーフ」の本質です。

もう一つ、システムや機械を、あまりに「フール・プルーフ」にすると、利用者は安心して、注意力が散漫になり、かえって事故が起きるのではないか、という問題があります。確かにこれは一面の真理を衝いています。交通に関して述べたところで、「シートベルトを義務付けると、かえって無謀運転が増加するのでは」という議論に触れました。シートベルトに関しては、本当に無謀運転をするような人間はしばしばシートベルトを締めない、というデータさえあって、結局、誰もこの議論の信憑性は認めませんでしたが、工場などでは、システムにときどき異常（軽微な）が起こるように意図的に仕組んで、ラインに張り付く従業員の注意力をかき立てるようにしているところもあるように聞いています。ただ、これも、慣れてしまえば逆効果で、狼少年さながら、真に対処しなければならない異常が起こっていても、ああいつものやつか、と放置される危険もあり、必ずしも推奨できる手段ではないようです。

ここに一般論として大事な論点があるように思います。システムのなかで、「安全」は絶対的な価値として追求されなければならないが、それで「安心」が保証されることは避けなければならない、という点です。ある組織内で、従業員の間に、「安心」が広がるときが、最も「危険」だとさえ言える、と私は考えています。②安全が達成され、安心が充足されたときに、安全は崩壊し始める。そう私は考えているからです。この問題は構造的なものです。ある組織あるいはシステムのなかの部分組織、あるいはサブシステムにおいても、このことは成り立ちます。それが統合された組織全体、システム全体についてもまた、このことは真だと思います。すると、それをさらに拡大して、例えば国家や公共空間についても、同じことが言えるのでしょうか。私は言えると考えています。

出典：村上陽一郎『安全と安心の科学』二〇〇五年より

B

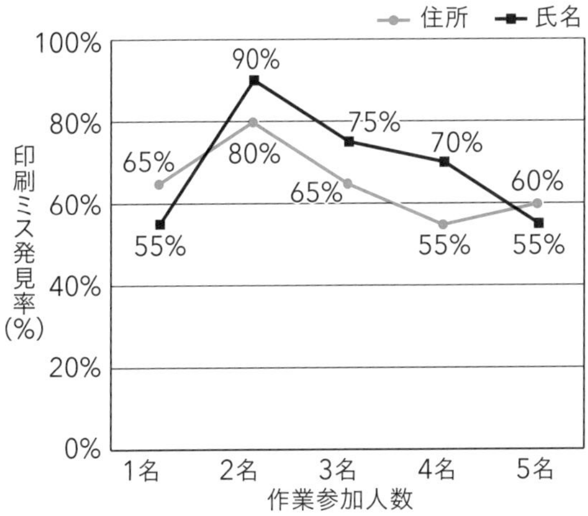

出典：島倉大輔他『人間による防護の多重化の有効性』2003年一部改変

設問1

資料Aは、システムや機械の安全戦略について述べた文章である。傍線部①「マイナスの意味をもっている」とはどういうことか、本文に即して説明しなさい（一〇〇字以内）。

設問2

資料Aの傍線部②「安全が達成され、安心が充足されたときに、安全は崩壊し始める」理由を本文に即して説明しなさい（一〇〇字以内）。

設問3

資料Bはある実験結果を示したものである。この実験では、被験者を一名のグループ二〇組、二名のグループ二〇組、同様に三名、四名、五名のグループ二〇組の計一〇〇組にわけ、グループごとに被験者に机に並んでもらい、封筒に印刷された住所・氏名を住所録に照らし合わせてミスがないかを順に確認して次の人に回す、という作業を行わせている。**資料B**はグループの作業参加人数とグループ二〇組における印刷ミスの発見率の結果を示している。この実験結果を、**資料A**で述べられている見解を用いて解釈し、説明しなさい（二〇〇字以内）。

設問4

設問3が示す問題を解決するためにあなたが効果的だと考える具体的方策を二つ挙げ、それぞれを挙げた理由とあわせて述べなさい（三〇〇字以内）。

STEP 1

課題文を理解しよう

全体の中で「問題提起」に当たるのが資料Ａの文章。**まずはこれを正しく読んで、出題者の意図を見抜こう。**

読解ポイント 1 前半の対比

この文章、第一段落（〜10行目）と第二段落（11行目〜）が対比になっていることに気づいたかな？　2つの段落のつながりを見てみよう。

“…というのが、趣旨なのです。
しかし、…というような問題に、関心が集中してしまった”

趣旨というのは制度の目的。関心というのは人々の反応。この2つが「しかし」という接続詞で対比されている。

「人は誰でも間違えるという前提で安全な製品を作ろう」というのが「フール・プルーフ」の本来の趣旨。

ところが世間では「一部のおバカさんに対する言い訳」が徹底されてしまった。**つまり解釈がねじ曲げられて伝わってしまったわけだ。**

読解ポイント 2　どこから後半？

第三段落、第四段落はそれぞれが「もう一つ」の問題を挙げている。つまり前半の「言い訳に使われる」こと以外の問題を 2 つ挙げているわけだ。

ただし第三段落は「自分たちはフールではない」から必要ないという医師の話。これは「フール」を「一部の愚行をする人」と誤解している。これに対し第四段落は「一部のおバカさん」ではなく、「誰にでも起こりうる」という本来の趣旨の続きだ。

以上をまとめると、次のような要約マトリックスができあがる。

	本来の趣旨	誤解
前半 用語の意味	人は間違えるものなので、安全な製品を徹底しよう	バカな使い方をする人間のために言い訳を徹底する
後半 マイナス面	安全を追求して安心すると、油断して危険になる （傍線部②）	「自分たちはフールではない」から必要ない （傍線部①）

設問では求められていないけれど、課題文の理解を確認するために 200 字の要約を書いてみようか。

スッキリ要約

「フール・プルーフ」とは本来、「人は誰でも間違える」という前提で安全な製品を作ろうという考え方だった。しかし実際には愚かな使い方をしたりクレームをつけたりする消費者に対し言い訳をするという意味に使われている。このため一部の医師は「自分たちはフールではない」として「フール・プルーフ」を受け入れないという問題がある。また安全を追求して安心すると、油断するためかえって危険が増すという構造的な問題もある。

（200 字）

オキテ 27 一部の人だけの問題と、誰にでも起こる問題がある

STEP 2

段落構成を考えよう

「設問1 〜 設問3 はただの説明問題だし、小論文といえるのは 設問4 の300字だけでしょ？」なんて早合点しちゃいけないよ。

たしかに100〜300字という短い字数の設問が4つ並んでいて、いつもの「あなたの意見を800字で」のような形とはずいぶん違うように見える。

でも4つの設問の関係性を見渡してみよう。実はいつもの小論文とさほど変わらないことに気づくはずだ。

設問1 と 設問2	**傍線部説明（各100字以内）**	**＝問題提起**
設問3	**資料説明（200字以内）**	**＝原因分析**
設問4	**具体的方策（300字以内）**	**＝解決策**

つまり、通常の3段落構成をバラバラにしたのが設問1〜4ということになる。考え方、書き方はいつもと同じだ。

STEP 3

設問に答えよう

もう一度、要約マトリックスを確認しよう。

傍線部①と傍線部②はそれぞれ、資料Ａ後半に２つ出てくる「もう一つ」の問題からの出題だ。全体の中での位置づけがわかっていると答えやすいはず。

	本来の趣旨	誤解
前半 用語の意味	人は間違えるものなので、 安全な製品を徹底しよう	バカな使い方をする人間のために言い訳を徹底する
後半 マイナス面	安全を追求して安心すると、油断して危険になる （傍線部②）	「自分たちはフールではない」から必要ない （傍線部①）

設問1

資料Aは、システムや機械の安全戦略について述べた文章である。傍線部①「マイナスの意味をもっている」とはどういうことか、本文に即して説明しなさい（一〇〇字以内）。

設問1　ガッカリ答案

「フール・プルーフ」とは、猫を電子レンジに入れて乾かそうとするような、「愚行」に対して、備えることであるというような理解があること。

設問に答えるときは、傍線部だけ見るのではなく、それが含まれる「一文（センテンス）をまるごと読む」のが鉄則。

“もう一つ問題なのは、こうした「愚行」対策が、一部ではありましょうが、①マイナスの意味をもっていることです。”

センテンスの最初に「もう一つ問題なのは」と書いてあるので、ここで問われているのは前の段落とは違う話であるはずだ。前の段落にも出てくる「猫を電子レンジに入れる話」ではない。

このような解釈が広まった結果、何を言い出す人が出てくるかということだ。

設問1　モヤモヤ答案

一部の医師は「フール・プルーフ」を「愚行」に対して備えることと理解しており、「自分たちはフールではない」から「フール・プルーフ」などは意味がない、などと発言しているということ。

そうそう、この部分を見つけるのが出題意図。

でも、これだけでは得点は半分だ。

「発言している」だけでは実害がないからね。

「安全」がテーマの文章で「マイナス」といったら、それは人の心がまえ的な話ではなく、何か目に見える危険が生じることではないかな？

設問1　スッキリ答案

「フール・プルーフ」は「人は誰でも間違える」という前提での安全戦略であるにも関わらず、「フール」が「一部の人の愚行」を指すと解釈する人は、自分には必要ないと考えて安全対策をおろそかにするということ。 (99字)

「安全対策をおろそかにする」なんて、本文中には書かれていない。でも、これを補わないと「マイナス（実害）」の説明にならないよね。一般的に、筆者というのは「当たり前すぎること」は省略して話を進めるものだ。だから省略された部分を頭の中で補って読める人と書いてある文字だけを見る人で理解の差が生じる。**そして出題者は「人によって解釈が割れる部分」から設問を作るわけだ。**

高校入試の国語でよくある「25字で説明せよ」という問題は本文からワンフレーズを抜き出せば済むけれど、大学入試の小論文で傍線部説明を100字で求められたら「抜き出しだけでは説明しにくいロジック」が問われていると考えよう。

設問2　資料Aの傍線部②「安全が達成され、安心が充足されたときに、安全は崩壊し始める」理由を本文に即して説明しなさい（一〇〇字以内）。

設問2　ガッカリ答案

システムや機械をあまりに「フール・プルーフ」にすると利用者が安心して事故が起きやすくなるように、ある組織内で従業員の間に「安心」が広がるときが、最も「危険」だから。

これは…傍線部の「安全が達成」「安心が充足」「安全は崩壊」というワードをそれぞれ言い換えただけだよね？

「なぜ空腹なのですか？」「お腹がすいたからです」と同じだ。

「傍線部の理由を述べよ」と問われるのは、傍線部の中に「理由」が抜けているから。傍線部の言葉だけ言い換えても、理由を説明したことにはならない。

「安心が充足」されると「安全は崩壊し始める」というのは、奇妙だよね。因果関係が成り立っていない。

「安心→（　　　）→安全崩壊」という、あいだのロジックが抜けているからだ。

設問2　モヤモヤ答案

「安全」を絶対的な価値として追求し、システムや機械をあまりに「フール・プルーフ」にすると、構造的な問題によって利用者が安心し、最も「危険」になるから。

惜しいなあ。**その「構造的な問題」の中身は何なのか？**
「今夜、何食べたい？」と聞かれたら「夕食」ではなく「ハンバーグ」と具体的な中身を答えるよね。

設問2　スッキリ答案

「安全」は絶対的な価値として追求されなければならないが、システムや機械をあまりに「フール・プルーフ」にすると、人間が安心して注意力が散漫になるため、かえって事故が起きやすくなるから。　(91 字)

ちなみに、「安全にすると危険になる」のように逆の結果になることを「逆説の論理」という。「急がば回れ」「身を捨ててこそ浮かぶ瀬もあれ」などのことわざも「逆説の論理」だね。

本文中にこの「逆説の論理」があったら出題者は必ずそこから問題を出すし、当然この因果関係がわかるように説明した答案が「正解」ということになる。

設問3

資料Ｂはある実験結果を示したものである。この実験では、被検者を一名のグループ二〇組、二名のグループ二〇組、同様に三名、四名、五名のグループ二〇組の計一〇〇組にわけ、グループごとに被験者に机に並んでもらい、封筒に印刷された住所・氏名を住所録に照らし合わせてミスがないかを順に確認して次の人に回す、という作業を行わせている。資料Ｂはグループの作業参加人数とグループ二〇組における印刷ミスの発見率の結果を示している。この実験結果を、資料Ａで述べられている見解を用いて解釈し、説明しなさい（二〇〇字以内）。

グラフを見ればいいのかと思いきや、設問の文章を正しく読めないと、どんな実験を行い、何の結果を表したグラフなのか意味不明になるね（笑）。

実験の内容をざっくりと絵にすると次のページのようになる（各20組、計100組というのは気にしなくていい。各1組だと個人の能力差が出てしまうので、大勢でやって平均値を取っているだけだ）。

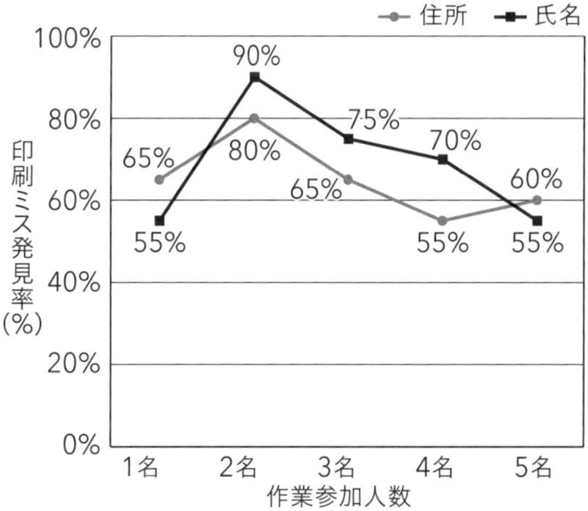

一人が確認したら、次の人が再度確認する。

設問3　ガッカリ答案

資料Bを見ると、印刷ミス発見率は住所より氏名の方が高く、多くのグループで10〜15パーセントの差がついている。資料Aの「安全にすると注意力が散漫になる」という話と関連させると、細かい番地のある住所は集中して確認するのに対し、氏名は文字数も少ないため安全だと考え、油断するのだろう。

もし「住所」と「氏名」の差を表現したいのなら、グループによっては住所の方が上回っている折れ線グラフにはせず、単純に「住所」と「氏名」を棒グラフで比較するんじゃないかな？

出題者があえて折れ線グラフを選んだということは、作業する人数が1名から5名に増えるにしたがってミス発見率がどう変化するかを見てほしかったに違いない。

設問3　スッキリ答案

グラフを見ると、住所、氏名ともに1名のときより2名の方が印刷ミスの発見率は高い。しかし3名以上になると人数が増えるにつれて発見率は下がっている。これは資料Aで述べられていた「安全が達成されると安心して油断してしまう」という人間の心理によるものと考えられる。自分が印刷ミスを見逃しても他の誰かが見つけてくれるだろうという安心感から、注意力が散漫になるのである。　(179字)

設問4

設問３が示す問題を解決するためにあなたが効果的だと考える具体的方策を二つ挙げ、それぞれを挙げた理由とあわせて述べなさい（三〇〇字以内）。

設問1 ～ 設問3 は資料Ａ、Ｂに書いてあることを答えるだけだったのに対し、設問4 でようやく「あなたのアイデア」が求められている。

「設問３が示す問題」なので、資料Ｂの「印刷ミスを発見する実験」に限定せず、システム、機械、社会全体において「安全になると油断して危険が増す現象」に一般化して考えよう。

設問4　ガッカリ答案

油断しない。これは私が普段から心がけていることだ。そのための具体的方策は、第一に確認を重ねること、第二に「かもしれない」と考えることだ。歩行者用信号が青になってもすぐには飛び出さず、左右を確認してから渡る。自分は気をつけていても、信号無視をする車がいる「かもしれない」と考えて注意を怠らない。テストのときも同様だ。全部解き終わったと思っても、問題用紙の裏にまだ問題が続いている「かもしれない」。このように物事に慎重に取り組むことで、失敗を回避することができるのである。

設問は「あなたが普段から心がけていること」ではないよね。社会が取り組むべき方策として「あなたが効果的だと考える」ものを提案しろという話だ。

考えるヒントは設問の中にある。

「具体的方策を二つ挙げ」ということは、安全性に関して２つの面から考えられるということを意味する。

普通は「トラブルをゼロにする」ことを考えるよね。もう一つ、「トラブルを小さく済ませる」ことも安全対策では重要だ。

設問4　スッキリ答案

安全が油断を引き起こす問題を解決する方策の一つとして、安全性の仕組みを見せないことが考えられる。資料Ｂの実験では３名以上で確認するとわかっているときに油断している。実際には５名で確認しても本人たちには「2名」で作業していると伝えておけば、確認を重ねることと緊張感を保つことを両立できる。

もう一つの方策は、絶対に避けなければならない重大なトラブルは予防し、ある程度のミスやトラブルは許容することである。本文にもある仕組まれた軽微な異常には慣れてしまっても、本当に起きるトラブルで痛みや不利益を被れば、そのたびに緊張感を取り戻すことができる。その損害は全体の安全のためのコストとみなすべきである。　(296字)

オキテ 28 「逆説の論理」の因果関係を説明できたら高得点！

オキテ 29 言葉だけの説明は、図にしてみるとわかりやすい

オキテ 30 問題解決には「ゼロにする」と「減らす」がある

LEVEL 4 読むと睡魔に襲われる！古典的名著からの出題

青山学院大学　総合文化政策学部B　2018年度

以下の文章を読み、設問に答えなさい。

自由はどんな風土にでも実を結ぶわけではないから、すべての人民がこれを味わえるとはかぎらない。モンテスキューの立てたこの原理[(1)]は、考えれば考えるほど真実だという感が強まる。これに反対すればするほど、次々と新しい証拠が出てきて、この原理を立証する機会がますますふえることになる。

世界中のどんな政府においても、公的人格なるものは消費するのみで何一つ生産しない。それでは、その消費される物質はどこからくるのか。構成員の労働からである。公共の必要物をつくりだすのは、個々人の剰余である。したがって、社会状態は、人々の労働がみずからの必要を満たす以上のものを生産する場合にのみ存続しうるということになる。

だが、この超過分は世界中のどの国でも同じというわけではない。ある国では大量であり、他の国ではわずかしかなく、またゼロの国もあれば、マイナス値の国もある。この割合は、風土の肥沃度、土地が要求する労働の種類、その生産の性質、住民の体力、彼らが必要とする消費量の多少、およびこの割合に影響するさまざまの要素の類似の割合によって左右されるのである。

一方、すべての政府は、同じ性質のものではない。本来貪欲な政府もあれば、それほどでもない政府もある。さらにこの差異は、公共の税金は、その源泉から遠ざかれば遠ざかるほど、重い負担となる、という例の原則[(2)]にももとづいている。この負担の計量は、課税額〔の多少〕によってではなく、税金がそれを払った人々の手に戻ってくるまでに要する道のり〔の長短〕によって測られなければならない。この流通が敏速で規則正しければ、納税額の多少は問題ではなく、人民はつねに富み、財政はつねに健全である。これに反して、人民の支払う額がどんなに小さくても、つねに払いっぱなしで、彼らに戻ってこない場合、人民はほどなく力を出し尽くしてしまう。国家はけっして富むことなく、人民はいつまでも貧しい。

以上のことから、人民と政府の距離が増すほど、それだけ租税は重荷となるという結果が出てくるのだから、民主政においては、人民の負担がもっとも軽く、貴族政においては、それが増大し、君主政においては人民はもっとも重い負担をになう。それゆえ、君主政は富裕な国民にのみ適し、貴族政は富においても大きさにおいても中位の国家に適し、民主政は小さな貧しい国家に適する。

じっさい、このことを考えれば考えるほど、自由な諸国家と君主政国家との相違はここにあることがわかってくる。前者においては、すべてが共同の利益のために用いられ、後者においては、公共の力と個人の力とが相反的であって、一方が増せば他方は減ずる。つまり、専制政治は、臣民を幸福にするために彼らを統治するのではなくて、臣民を統治するために彼らを貧困にしてしまうのである。

そこで、これまでに述べてきたところから、おのおのの風土には、それぞれ自然的原因があって、この制約のもとでは、風土の力に順応するのはどんな統治形態であるかを定めたり、この風土にはどんな種類の住民がふさわしいかを語ったりすることさえできるのである。生産物が労働に引き合わないような、働きがいのない不毛の土地は、未墾のまま荒れるにまかせておくか、それともせいぜい原始人に住まわせておくべきである。人々の労働が、生きてゆくのに必要なものだけしか生まない土地は、野蛮人に住まわせるべきである。そのような土地では、いかなる国家組織《ポリテイア》も成り立たないであろう。労働に対する生産物の過剰が中位の土地は、自由な国民に適する。土壌が豊かで肥えており、わずかの労働に対して多くの生産物を与える土地は、君主政によって統治されることを望んでいる。臣民の過剰生産物を、君主が奢侈によって消費することに向いている。なぜなら、この過剰物は個々人によって浪費されるよりも、政府に吸収されたほうがましだからである。もっとも、例外があることは、私も知っている。しかし、これらの例外そのものが、この規則を裏づける。というのは、そうした例外は、遅かれ早かれ革命を生みだし、事物を自然の秩序に引き戻すからである。

一般的法則と、その法則の結果を変更しうる特殊的原因とを、つねに区別しよう。たとえ南方の全土が共和国でおおわれ、北方の全土が専制国でおおわれているとしても、風土の効果から言えば、専制政治は暖かい国に適し、未開状態は寒い国に適し、その中間地帯に、よい政治組織が適するということが、真理であることに変わりはない。だがまた、この原則には同意しても、適用に異論がある、という意見があることは、私も承知している。すなわち、きわめて肥沃な寒冷の国もあれば、きわめて不毛な南国もある、と言えよう。しかし、この難問は、事態をあらゆる連関のもとで検討しない人々にとってのみ、難問であるにすぎない。すでに述べたように、労働、体力、消費、等々のさまざまな連関を考慮に入れなければならないのである。かりに、面積の等しい二つの土地があって、その一方は五の、他方は十の収穫をもたらすとしよう。もし、前者の住民が四を消費し、後者の住民が九を消費するとすれば、前者の生産物の過剰分は五分の一、後者の過剰分は十分の一となる。したがって、両者の過剰分の比は生産物の比の逆であって、五しか生産しない土地が十を生産する土地の二倍の剰余を生みだすことになる。

しかし、〔一方の他方に対する〕二倍の収穫については、問題とするに及ばない。じっさい、寒い国は一般に暖かい国とくらべてさえ肥沃度の点で等しいと、あえて仮定する人は一人もなかろうと思う。しかし、かりに、これが等しいとしよう。お望みなら、イギリスがシチリア島と、ポーランドがエジプトと、同程度だとしておこう。エジプトより南がよければ、アフリカとインド諸島があるが、ポーランドより北にはもう何もない。ところで、この同じ生産高を上げるのに、なんと耕作方法の違うことか。シチリア島では、地面を浅く耕すだけで十分なのに、イギリスでは土地を耕すのになんと手数がかかることだろう！　さて、同量の生産物を得るのに、人手を余計に要するところでは、剰余は必然的に少ないはずである。

なおそのほかに、暑い国では、同じ数の人間でも消費量がはるかに少ないということを考慮に入れていただきたい。そこでは、人は健康を維持するために、飲食を節することを、風土から要求されている。この国で本国同様の生活をしようとするヨーロッパ人は、ことごとく赤痢や消化不良で死んでしまう。シャルダン(3)は言う、「われわれはアジア人にくらべれば、肉食獣であり、狼である。ペルシア人の節食は、彼らの国が他国ほど耕作されていないせいだと言う人がいる。しかし、私は逆に、ペルシアに食料が乏しいのは、住民が他国ほどにはそれを必要としないからだと思う」と。彼は続けて言う、「もし彼らの粗食が、この国の食糧不足の結果だとしたら、貧者だけが少食なはずだ。ところがじっさいは、だれもが一様に少食である。また、各地方の土地の豊かさに応じて、多食のところも、少食のところもあるはずだが、じっさいは王国中どこへいっても同じように節食が行なわれている。ペルシア人は彼らの生活様式をたいそう誇りにしており、それがキリスト教徒の生活様式よりもいかにすぐれているかは、彼らの顔色を見るだけでわかる、と言っている。たしかに、ペルシア人の顔色はむらがなく、皮膚は美しく、きめが細かでつやがある。ところが、彼らの属国民で、ヨーロッパ風の生活をしているアルメニア人の顔色は悪く、吹き出ものだらけだし、からだは肥満して鈍重である」と。

赤道に近づけば近づくほど、民族は少食である。彼らはほとんど肉を食わない。米、とうもろこし、もろこし〔＝たかきび〕、粟、それにタピオカが、彼らの常食である。インド諸島には、一日の食費が一スー(4)もかからない数百万の人々が住んでいる。ヨーロッパにおいてさえも、北方の人民と南方の人民とのあいだには、食欲において著しい相違が見られる。スペイン人なら、ドイツ人の一回分の正餐で、一週間も生きてゆけるだろう。人間が食欲旺盛な国々では、奢侈は飲食物のほうへも向かう。イギリスでは、奢侈は肉類を盛りあげた食卓に示される。イタリアでは、砂糖と花で客をもてなす。

衣服の奢侈にも、似かよった違いがある。季節の変化が速く激しい風土では、着物は良質で簡素である。着飾るためだけに着物を着る風土では、実用よりも華美が求められる。そこでは衣服をまとうこと自体が、奢侈の意味を持つ。ナポリでは、金の部品のついた上着なのに靴下もはかず、といった身なりの人々が、毎日ポジリッポ(5)を散歩しているのが見られるだろう。建物についても同じことである。外気によって健康を害するおそれがまったくない場合は、豪華ということだけが配慮される。パリやロンドンでは、暖かくて居心地のよい住居が喜ばれる。マドリッ

ドでは、豪奢な客間はあるが、外気を遮断する窓は一つもなく、寝室はねずみの巣窟同然である。

食物は、暖かい国のほうがはるかに栄養があり美味である。これが第三の相違だが、第二の相違に影響を及ぼさずにはおかない。イタリアでは、なぜあんなに多くの野菜を食べるのか。それは、そこの野菜が良質で、滋養に富み、非常においしいからである。フランスでは、野菜は水だけで育てられるから、少しも栄養にならず、食卓では、ほとんど物の数に入っていない。しかも、これを栽培するのに要する土地は、小さくてすむわけではなく、また、少なくとも同じ程度の労力がかかる。〔北アフリカの〕バルバリア地方(6)の小麦は、他の点ではフランスの小麦に劣っているが、小麦粉はずっとたくさんとれるし、そのフランスの小麦は、北方の小麦にくらべればたくさん小麦粉がとれる、ということは実験済みである。このことから推論して、赤道から極地へ向かってゆくと、一般にこれと同様の段階が見られる、ということができる。ところで、同量の生産物から、より少ない食物しかとれないということは、明白な不利ではないだろうか。

これらのさまざまな考察に、いま一つをつけ加えることができる。これは以上の考察から出てくるものだが、同時にそれらを補強するものでもある。それは、暖かい国は寒い国よりも住民を必要としないのに、より多くの住民を養いうる、ということだ。このことが二倍の剰余を生みだし、つねに専制政治に有利となる。同数の住民でも、広い面積を占めれば占めるほど、反乱は起こしにくくなる。なぜなら、人民は敏速に、秘密裡に集合することができないし、また政府にとっては、計画をかぎつけ、連絡を断ち切ることがいつも容易だからである。しかし、多くの人民が密集していればいるほど、政府が主権者の機能を横領することはできなくなる。人民の首領たちは、御前会議における君主と同じくらい安全に自分たちの部屋で協議するし、また群衆は、軍隊が兵営に集まるのと同じくらい迅速に広場に集まってくる。だから、圧制的な政府にとっての利点は、遠いところから働きかけうる、というところにある。政府の力は遠くに設けられた拠点の助けを借りて、あたかも梃子《てこ》の力のように、対象が遠ざかるにつれて増すのである。これに反して、人民の力は、集中しなければ発揮されない。それは拡散すると、地面にまき散らされた火薬が、一粒ずつしか発火しないのでさっぱり効果がないように、雲散霧消してしまう。こういうわけで、人口密度のもっとも低い国が、圧制にもっとも適している。猛獣は荒野においてのみ君臨する。

註
(1)　『法の精神』のなかで風土の研究にあてられた諸篇に言及している。
(2)　『社会契約論』第９章で行った議論のこと。
(3)　シャルダン(1643-1713)は有名な『ペルシア旅行記』(1735年)の著者。
(4)　「スー」は、当時のフランスの通貨単位。
(5)　ナポリの遊園地。
(6)　エジプトから大西洋にいたるアフリカ大陸北岸の諸国。

出典：ジャン＝ジャック・ルソー、2010年、『社会契約論』作田啓一訳、白水社(原著は1762年)

問1

本文の主張を200字以内の日本語で要約しなさい。

問2

問1で要約した主張に対する論理的な反論を200字以内の日本語で述べなさい。

問3

問1と問2を踏まえた上で、あなたはどちらの立場に立つか表明し、それを現代の具体的な事例をあげながら300字以内の日本語で展開しなさい。

STEP 1 課題文を理解しよう

長くて難解な課題文を見て、途方に暮れている人もいるだろう。読み始めるたびに睡魔に襲われ、「3日たっても2段落しか進んでない（泣）」という人もいるかもしれないね。

でも大丈夫！　それは君だけじゃない。

課題文をバカ正直に1行目から読み始めると、意味がわからなくて当然だ。本というのは「筆者とタイトル」で内容の見当をつけてから読むもの。

課題文を読む前に、本文の最後の「出典」をチェックしよう。

読解ポイント 1　読み始める前に「出典」をチェック

今回の課題文はルソーの「社会契約論」（1762年）の一節。政治学の古典だ。世界史でタイトルだけ習うやつ。

豆知識

国民と政府の関係は「契約関係」であって、契約を果たせない政府は倒してしまえ！　と呼びかける過激な内容。この本が書かれた1762年は、イギリスが名誉革命（1688年）で民主政となったものの、フランスはまだルイ15世による君主政だった時代。フランス革命が起きるのは「社会契約論」から27年後の1789年だ。

このような背景を知っている人なら、出典をチェックした時点でかなり大きなヒントとなる。そこまで詳しくない人でも「ずいぶん昔の本」ということがわかれば、本文中盤に出てくるいろんな国の話も「当時の表現ね」と理解しやすくなるだろう。

さて、出典をチェックしたら、さっそく本文を読む？　**いやいや、その前に設問を見て何が求められているかを確認しよう。**

読解ポイント 2　読み始める前に「設問」もチェック

ヒントがあるのは出典だけじゃない。設問にも、課題文の内容を予想させるヒントが隠されているものだ。

問1　**本文の主張を200字以内の日本語で要約しなさい。**
問2　**問1で要約した主張に対する論理的な反論を200字以内の日本語で述べなさい。**
問3　**問1と問2を踏まえた上で、あなたはどちらの立場に立つか表明し、それを現代の具体的な事例をあげながら300字以内の日本語で展開しなさい。**

問2で「論理的な反論を」といってるぞ ?!

「でも、ルソーって世界史の教科書にも出てくる偉い人でしょ？正論を主張していて、高校生の私なんかにツッコミなんて無理なんじゃないの？」

いやいや、歴史に名を残す学者というのは「奇抜な学説」を発表した人だ。従来の常識を覆す内容だからこそ、発表当時は賛否両論の大論争を巻き起こす。

「文章を読むと眠くなる」という人は、書いてあることをすべて受け入れようとしているものだ。**最初から「どこがおかしいんだろう？」と疑いながら読めば、話の構図が見えてくるかもしれないよ。**

読解ポイント 3 冒頭の対比を見つけよう

では、本文を読んでみよう。**難しい文章を読むコツは「対比」を見つけることだ。**

“自由はどんな風土にでも実を結ぶわけではないから、すべての人民がこれを味わえるとはかぎらない。”

最初のキーワードは「自由」。これに対して「すべての人民がこれを味わえるとはかぎらない」というのは、要約すると「不自由」ということだ。**つまりこの文章は「自由／不自由」という対比でスタートしていることになる。**

たしかに同じ人類なのになぜ自由な国と不自由な国が生まれるのかは不思議だね。この差が生まれるのはなぜだろう？

次の段落のキーワードは「生産」。さらに読み進むと「君主政」「貴族政」「民主政」なんて言葉も出てくるね。

読解ポイント 4　歴史に残る著者は常識を覆しているもの

ここまできたら、キーワードをグループ分けしてみよう。

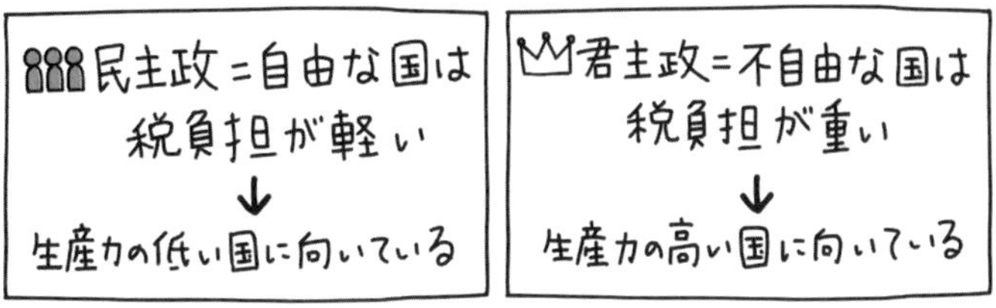
民主政＝自由な国は
税負担が軽い
生産力の低い国に向いている
君主政＝不自由な国は
税負担が重い
生産力の高い国に向いている

ホンマかいな？

ここで、筆者ルソー大先生が従来の常識を思いっきり覆していることに気づいてほしい。

われわれの普通の感覚でいうと、民主主義国家というのは「国民の意志」で作り上げるもので、独裁国家というのは「悪い支配者」が作るもの、だよね。

ところがルソー大先生によると、民主政か君主政かを決めるのは「作物がたくさん穫れるかどうか」。

は、畑ですか？

信じるか信じないかは、あなた次第です。

詳しい理屈は本文をじっくり読み返してほしい。キーワードをグループ分けすると、本文も読みやすくなっているはずだ。

豆知識

ルソーより100年近く後、マルクスも「生産力の進歩によって社会の仕組みが変わっていく（だから革命が起きるのは必然だ）」という「唯物論的歴史観（唯物史観）」を唱えた。フランス革命に影響を与えたルソーとロシア革命に続く世界各地の共産主義革命に影響を与えたマルクス。考え方が似ているね。

読解ポイント 5　だらだら続く農業の話は何のため？

さて、この文章は八段落目から「南方の暖かい国」と「北方の寒い国」の話になる。唐突に見えるが、冒頭から述べられている「生産力と国家体制の関係」という説の具体例だ。

ちなみに「ペルシア」とは現在のイランのこと。「アジア」は中東を指している。本文に登場する地名を地図で確認してみよう。

スペイン、イタリア、シチリア島は温暖なのでエジプトやペルシアと同じグループとされていることに注意。現代の「欧州 vs 中東」とはずいぶん違うね。

農業と気候の話が延々と続くので「もう、読まなくてもいいかな？」とやめたくなるが、ちょっと待った！

最後の段落で、急に話が変わっていることを見落としちゃいけない。

読解ポイント 6 ｜ 最後の段落で話題が変わる！

最後の段落では、これまでになかった新しいキーワードが登場している。「反乱」だ。

“それは、暖かい国は寒い国よりも住民を必要としないのに、より多くの住民を養いうる、ということだ。このことが二倍の剰余を生みだし、つねに専制政治に有利となる。同数の住民でも、広い面積を占めれば占めるほど、反乱は起こしにくくなる。”

「住民」を「農民」、「反乱」を「革命」と置き換えるとわかりやすい。暖かい国では簡単に収穫できるので農民の数が少なくても重い税を納められる。農民の数が少ないと人口密度が低いので革命を起こしにくくなる。だからやっぱり暖かい国の方が専制政治に向いている、という理屈。

ここではははっきり書かれていないけれど、「逆に寒いイギリスやフランスは民主政に向いている。だからパリ市民よ、革命を起こせ！」というのがルソーの意図だ。

マトリックスで整理しよう

ここまで理解できたら、「対比」と「前半／後半」の２つの軸で課題文の内容を整理してみよう。

	自由	不自由
前半	寒い国は生産力が低く民主政に向いている みんなで10円ずつ出そう	暖かい国は生産力が高く君主政に向いている もっと税を!!
後半	寒い国は人口密度が高いので反乱を起こしやすい →民主政に向いている コッソリ集まれー	暖かい国は人口密度が低いので反乱を起こしにくい →専制政治に向いている 革命をおこ…あっ

オキテ 31　**長くて難しい課題文でも、要約マトリックスに必ず収まる**

STEP 2

段落構成を考えよう

今回も設問が細かく分かれている形式。小論文の3段落構成をバラバラにしているのかもしれないね。3つの設問を見渡してみよう。

問1　**本文の主張を要約（200字以内）**
問2　**本文の主張に対する論理的な反論（200字以内）**
問3　**あなたはどちらの立場に立つか（300字以内）**

問1 の要約に対する反論、そして「どちらの立場に立つか」。

これは「メリット・デメリット型（ディベート型）」の構成そのまんまだよね。

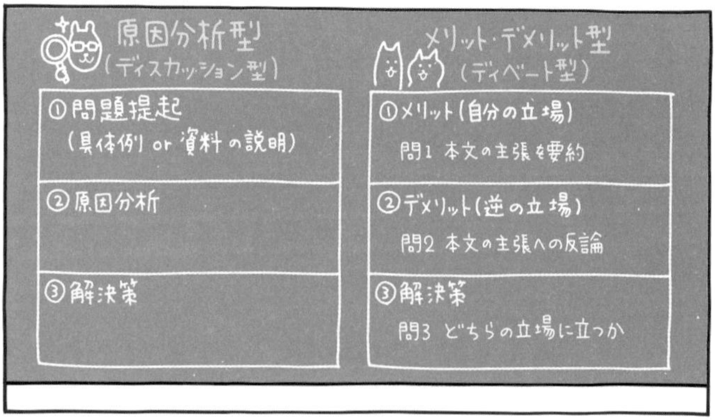

STEP 3 設問に答えよう

問1　本文の主張を200字以内の日本語で要約しなさい。

問1　ガッカリ答案

世界中のどんな政府においても、公的人格なるものは消費するのみで何一つ生産しない。人民と政府の距離が増すほど、それだけ租税は重荷となるという結果が出てくる。それゆえ、君主政は富裕な国民にのみ適し、貴族政は富においても大きさにおいても中位の国家に適し、民主政は小さな貧しい国家に適する。きわめて肥沃な寒冷の国もあれば、きわめて不毛な南国もある。また季節の変化が速く激しい風土では、着物は良質で簡素である。

とりあえず本文のあちこちをツギハギしてみました的な要約だね。ギリギリ「君主政」「民主政」に言及しているので0点にはならないかもしれないけれど、「肥沃な寒冷の国」「不毛な南国」は本文中でも「例外」として挙げられている言葉。これだと「北の国は生産力が低いから民主政向き」というロジックに反するので、「理解できてないな」と見なされてしまう。

167ページの要約マトリックスを50字ずつでまとめてみよう。

問1　スッキリ答案

民主政か君主政かはその国の生産力によって決まる。イギリスやフランスなど寒冷な国は生産力が低い貧しい国であり、人民と政府が近く税負担の軽い民主政が適している。また狭い国土に人口が密集しているので政府に対し反乱を起こしやすい。一方、スペインやペルシアなどの温暖な国は生産力が高い富裕な国であり、人民と政府が遠く税負担の重い君主政が適している。しかも広い国土に人口が散在しているため反乱は制圧されやすい。　(199字)

課題文によっては「前半100字、後半100字」で書くことも多いけれど、今回は「民主政100字、君主政100字」でまとめた方がスッキリするだろう。冒頭で一番大事な理屈「国家体制は生産力で決まる」を一行書くと、「こいつ、理解してるな」と評価される。

問2　**問1で要約した主張に対する論理的な反論を200字以内の日本語で述べなさい。**

問2　ガッカリ答案

貧しい国は民主政、富裕な国は君主政と筆者は述べているが、実際は反対だ。民主主義国家アメリカは世界一のお金持ちの国だし、北朝鮮は貧しいのに独裁国家だ。それに寒い国ほど貧しく暖かい国が富裕かというと、どちらかといえばイギリスやフランス、ドイツ、日本など寒い国の方が経済大国で、赤道周辺には途上国が多い。この点でも筆者の主張は否定されると思う。

これは惜しい！　反証（具体例）を挙げることは反論の一手法だけれど、設問で求められているのは「論理的な反論」だ。目に見える例ではなく、理屈が間違っている部分を指摘する必要がある。

ポイントは「因果関係」。原因と結果がつながらないのに強引に結びつけているところを探そう。

問2　スッキリ答案

生産力によって民主政か君主政かが決まるという主張には、国民の意志や能力という観点が抜けている。すでに豊かな国民にとっては税負担が重くなる君主政を選ぶ理由はなく、税負担が軽くても自分たちで政治を考える能力を持たない人々であれば民主主義を正しく機能させることはできない。つまり政体を決める主な要因は国民の意志と能力であり、生産力や国の豊かさはそれぞれの政体にとって国家運営しやすい条件にすぎないのである。（200字）

「貧しい→民主主義」ではなく「民主主義→貧しくても機能する」、あるいは「富裕→独裁国家」ではなく「独裁者登場→お金があると統治しやすい」という順番の違い。

「論理的」というのは「原因と結果の関係が正しい」という意味だ。

オキテ 32　「論理」は目に見えない、「具体例」は目に見える

問3　**問１と問２を踏まえた上で、あなたはどちらの立場に立つか表明し、それを現代の具体的な事例をあげながら300字以内の日本語で展開しなさい。**

ここでようやく「具体的な事例」。問2 で書きたくなったアメリカや北朝鮮の話は 問3 で書けばいい（だから先に設問全部に目を通しておくのは大事）。

「あなたはどちらの立場に立つか」と問われているので、ルソーの理屈を肯定しても否定してもいい。ただし、肯定する場合は、問2 で書いた「論理的な反論」に再反論する必要があるので、ちょっと面倒かもしれないね。

書きやすいのは「問2 には書かなかった具体例を挙げてルソーの主張を否定する」という方向性だろう。

問3　スッキリ答案

民主政か君主政かを決めるのは生産力であるというルソーの主張は誤りである。現代の事例を見ると生産力と政体の関係はルソーの説とは逆になっていることが多いからである。たとえばアメリカ合衆国は世界一の経済大国になっても君主政を求めず、民主主義を貫いている。またアフリカやアジアのいわゆる貧困国に独裁国家や軍事政権が多いこともルソーの説とは矛盾する。日本においても明治維新以降、経済力が向上する中で民

主主義が確立している。これは自由民権運動や大正デモクラシーなどの言論人の活動や、それを理解する国民の教育水準によるものと考えられる。ゆえに、政治体制を決めるのは国民の意志と能力であるといえる。 (291字)

オキテ 33 それぞれの設問に適切なネタを振り分ける

文章上達のコツ

2

「～と思う」をやめてみよう

「文末を『～と思う』にすると、主張が弱くなるからやめた方がいいって先生に言われました。でも、何でも『である』と断定するのも気が引けて…。それでも『思う』はダメですか?」

結論からいうと、小論文では「思う」は使わないのが正解。

「主張が弱まるから」というよりは、「主観の文になってしまうから」というのがその理由だ。

たとえ「(物事) は」を主語にして書いていても、文末を「～と思う」にしてしまうと、「思う」の主語は省略された「私は」になってしまう。

だから「私は～と思う」ではなく「(物事) は～である」と書くのが正しい小論文の文体だ。

ただし、何でも「である」と言いにくいケースもあるんだよね。たとえば「このサービスを始めたら、社会はこうなる (だろう)」という予想を語るとき。

未来のことは「なるのである」と断定できないよね。

だからといって「だろう」や「思う」では主観の文に戻ってしまう…。

こういうときは「(物事) は～と考えられる」あるいは「予想される」と受け身形を使うといい。もちろん考えているのも予想しているのも「私」だけど、あくまでも文法上の主語は「(物事) は」のままだ。

ただし「～と思われる」はNG。「考えられる」と「思われる」は似ているけれど、「考えられる」は「計算上こうなる、理論上こうなる」というニュアンスなのに対し、「思われる」は「私の気持ち」というニュアンスに重点が置かれるからだ。

LEVEL 5 「前半／後半」に収まらない課題文?!

慶應義塾大学　法学部　2018年度

次の文章は、現代社会のリスクに我々がどのように対処すべきかを記したものである。著者の議論を四〇〇字程度でまとめた上で、それに対するあなたの考えを、具体例にふれつつ論じなさい

（合計 1000 字以内）

第一に、リスクを取ってでも事業をおこなおうとする決定者とそれにより損害を被る被影響者とのあいだでのコミュニケーションのあり方を詳細に検討すべきである。この点については、ニクラス・ルーマンがシーラ・ジャサノフのいう「完全に同化されることのない対話」に着想を得て提案している「了解」のあり方が参考になる。

ルーマンによれば、了解（あるいは「説得されないままに進捗する了解」という言い方もしているが）とは、「了解しあわなければならない者を、その信念から引き離したり、改心させたり、あるいはどんなかたちであれ変えさせようと試みたりはしない」かたちでのコミュニケーション様式をあらわす。これは以下のような特徴をもつ。

(1)リスキーとされる事象についての評価を含めて、一般にある出来事や状態についての記述は、客観性を装って「他人を強制的に同意させるだけの十分な、唯一正しい知」を駆使しようと振る舞ってはならない。というのも、こんにち観察や記述そのものが、誰によってどのような利害関心にもとづいておこなわれているのかという、第三者からの観察にさらされざるをえないからである。またその際、上記のような態度を相対主義だと批判してはならない。なぜならこの場合、相対主義ではない何かを望むことはできないからである。

要するに了解の過程は、同調圧力から解放されなくてはならない。決定者と被影響者のあいだでなされるコミュニケーションは不安定で揺らぐことを宿命づけられている。ある時点でひとつの解決案が受け入れられたとしても、その場その場での取り決めでしかなく、あくまでも暫定的なものであり、つねに問い直しに関して開かれている必要がある。

⑵了解の過程では「道徳」を持ち出すことは慎まねばならない。了解の基本原則は、みずからの道徳と合致しない者の「排除」ではなく、道徳を禁欲することによって得られる「包摂」でなくてはならない。つまり、対話への参加者を制限する動きは、可能な限り制止されるべきである。さらにいえば、参加者は「賢い市民」である必要もない。参加は強制されないのであり、対話の機会ごとに関心のある者が参加でき、しかも参加できるときに参加すればよい。逆に、体制／反体制という図式を持ち出し、教条主義的に決定者（体制側）に対して非難することも慎むべきである。

現在、「参加」や「審議」に軸を置いた民主制のあり方が模索され、その具体的な姿として、調査に協力する人々が討論を通じて問題点や論点を把握した上でアンケートに答えるデリベラティブ・ポリング、あるいはデンマークや日本でのコンセンサス会議が注目されているが、そうした場における討議のあり方を考えるうえでも、この「了解」のあり方は示唆に富む提言である。

第二に、専門知への不信や不安という問題への対処も視野に入れておかねばならない。近年の高度な科学技術のもたらす多様なリスクは、科学への信頼を問題化するきっかけとなっている。専門知や科学への信頼の問題に対して、どういった対処法を展望すればよいのか。

この点については、人間と自然の関係性の様態から環境問題を分析する「社会的リンク論」の議論が傾聴に値する。鬼頭秀一によれば、今日の高度な技術は、我々の経験によって飼い慣らすことも、また経験にもとづいて信頼を付与することもできなくなっている。そこで、特定の地域や文化に歴史的に蓄積されている固有の知識（ローカル・ナレッジ）や生活知を援用したり活用したりする必要があるとする。つまりこの知識や生活知によって技術を飼い慣らし、経験にもとづく信頼を獲得して、科学技術の不確実性に由来する不信を補ってゆくべきだというのである。それは、見えない技術を見えるものへと転換することである。さらにそれは、自分たちの手に負えなくなったリスクを再び自己責任で利用できるものへと差し戻すことでもある。自分たちで技術を制御する術を身につけることで、皆でリスクを分かち合い、相互の支え合いにもとづいた社会の構築へと向かうことができるのである。

信頼は自分が「あえてする、リスキーな」行為の選択に深く関わっている。そこでは、自分たちの行為とその結果との関わりが可視的になることが必要である。

たとえば水害についていうと、かつて日本には地域住民の自治によって水害への対応をはかる「水害予防組合」が各地に多数存在し、これが水防活動の主力をなしていた。この組合は、受益者負担の原則にしたがって、住民がその土地所有面積や建物の固定資産税額、水害頻度等に応じて組合費を拠出し、これをもとに河川環境の整備や堤防の改修等をおこなった。しかし、一九五八（昭和三三）年の水防法の改正をきっかけにして次々と解散し、市町村の予算で行政によって運営される「水防事務組合」へと編成替えされていった。現在残存する「水害予防組合」は全国でわずか十前後であり、これらの組合も、活動内容が形骸化しているケースが多く、該当する地域内住民がその存在すら知らない場合もある。

そうなってしまった原因として、都市化の進展や組合費の負担に関わる住民間の紛争の深刻化などがあるが、主たるそれはダムや堤防に代表される治水技術の著しい進展である。水害防御のための専門知に依存することにより、人々は水害のリスクをあまり心配せずに日常生活を送ることができるようになった。他方、あたかもそのリスクが存在しないかのようにさえ認識された結果、川への関心が薄れ、水害に備えるための伝統的な知恵も失われ、いったん水害が起こると甚大な被害がもたらされるようになってしまった。水防と治水の分離として語られる事態も同様である。

水害を完全になくすことは不可能である。必要なことは、ふだんから水害とつきあい、水害リスクを地域で分かち合ってゆくことである。これが水害への対応の基本となる。高度な治水技術を駆使して大洪水が発生しないようにすることは重要であるが、大きな被害が出ない程度の水害ならば適度に氾濫・遊水させて、ふだんから水害の体験やその被害を軽減する方法を訓練することが必要である。こうした考え方は、現代の高度な技術の効率性を生かすだけでなく、「住民のための技術」から「住民による技術」に重点をおいて、住民にとって可視的かつ参加可能な「コミュニティ技術」として地域社会に組み込んでゆくことであり、リスク管理のために重要な考え方である。

かつてウルリッヒ・ベックは、リスク社会における「危害の貧困化」という表現を用いて、リスクや危険の定義が専門家に独占され、被害を被りうる当事者の直接的な経験の意義が低下し、当事者がいわば「管轄外」になってしまう事態を指摘した。同様のことをルーマンも、リスクが過剰に、あるいは過小に評価されることで、リスク言説が先鋭化したり日常生活の不安が煽られたりする傾向を、システム分化・役割分化の進展および経験の抽象化によって説明している。上述の「住民による技術」の議論は、こうした「危害の貧困化」を緩和する術として評価できるだろう。

第三に、新しいリスクとのつきあい方について信頼を軸に考えていく際には、信頼についてのより詳細かつ緻密な理論を展開する必要がある。

たとえば、「信頼」と「不信」を先鋭に対立させる思考方法から一定の距離を保たなくてはならない。確かに、信頼と不信は対照的な関係にある。地域住民間の信頼関係の意義を力説する議論にしばしば見られるように、信頼は倫理的・道徳的に「善」であり不信は「悪」、あるいは信頼が「原則」で不信は「例外」といった想定が、暗黙裡に入り込んでいることが多い。より多くの信頼を獲得し、不信を極力避けようとする議論の背景には、不信が非効率であり逆機能的であるという仮定が存在する。しかし、信頼社会かさもなければ相互不信社会かといった二者択一しか用意されていないと考えるのは、単純にすぎる。むしろ信頼と不信は、(とりわけ近代的な条件のもとでは)相互に強化しあう関係にあるものとして捉えられるべきである。不信の概念にも、信頼の概念と同程度の目配りが必要である。

まず、信頼するということの「観点」が分化していることへの冷静なまなざしが必要である。どの観点で人や集団を信頼し、どの観点では信頼しないのか、という観点の特定化を組み込んだかたちでの議論が必要である。

また、政治や科学への信頼とか不信とはいっても、どのレベルでの信頼であり不信なのかを正確に区別する必要がある。たとえば政治システムについていえば、それを多くの層からなるひとつの「玉葱」のようなものとして考えるなら、その一番深いところにある政治的コミュニティや民主制そのものへの信頼や不信と、そのひとつ表側にある現行の諸制度に対する信頼や不信、さらには、もう少し表面に近いところの、ある特定の政策や政党や政治家に対する信頼や不信などを一括して議論することはできない。ロジャー・カスパーソンらが指摘するとおり、より「深い層」での（たとえば民主制への）信頼が確保できていれば、「表層」での不信はむしろ有益なものであるかもしれない。

（中略）

社会が、全体として信頼社会になったり不信社会になったりすることはありえない。社会が複雑化してゆけば、不信と信頼が相互に強化されてゆく。ある一定レベルの「不信」であれば、将来的損害の可能性を早期に発見するうえで機能的に作用することもありうる。問題は、信頼をいかに最大化するかよりもむしろ、信頼と不信とが社会のなかでどのように絡み合っているかを見極めることである。

過度の不安に煽られて「監視社会」の到来に手を貸すのではなく、また、専門知や政治に身を委ねて安心に浸りきり、リスクがないかのような生活を送るのでもなく、現代型リスクといかにつきあい、皆でいかに分かち合ってゆくのかを考えることこそ、リスク社会に生きる我々の課題である。

出典：小松丈晃「リスク社会と信頼」（今田高俊編『社会生活からみたリスク』岩波書店、二〇一三年）。試験問題として使用するために、文章を一部省略・変更した。

STEP 0

ガッカリ答案

ガッカリ答案（400字バージョン）

第一に、リスクを取ってでも事業をおこなおうとする決定者とそれにより損害を被る被影響者とのあいだでのコミュニケーションのあり方を詳細に検討すべきである。第二に、専門知への不信や不安という問題への対処も視野に入れておかねばならない。第三に、新しいリスクとのつきあい方について信頼を軸に考えていく際には、信頼についてのより詳細かつ緻密な理論を展開する必要がある。

私はこの具体例として原発事故をあげたい。第一に電力会社と地域住民がよくコミュニケーションを取るべきだ。第二に原子力の専門家に対する一般市民の不信にも対処しなければならない。そして第三に原発を再稼働させるかどうかについて議論する際、国民や住民の信頼についてより詳細かつ緻密な理論を展開すべきなのだ。原子力発電という現代社会のリスクに対しては、以上のように対処すべきだと私は思う。

課題文の「第一に…、第二に…、第三に…、」という構成に具体例を当てはめました、的な答案だね。でも「原発」以外は課題文の内容を繰り返しているだけ。**これでは「筆者の考え」であって「あなたの考え」にはならないよね。**

STEP 1

課題文を理解しよう

読解ポイント 1 「ポイント3つ」を「前半／後半」に分けよう

今回の課題文は箇条書きのような構成になっているね。形式だけ抜き出すと、こんな感じだ。

第一に、リスクを取ってでも事業をおこなおうとする決定者と…
⑴リスキーとされる事象について…
⑵了解の過程では…
第二に、専門知への不信や不安という問題への対処も…
第三に、新しいリスクとのつきあい方について信頼を軸に…

あれれ？　いつもの「前半／後半」の構造になってないぞ？

どう見ても「三部構成」じゃないか。「長くて難しい課題文も、必ず要約マトリックスに収まる」なんて豪語していたのに、全然違うww！　『小論文のオキテPRO』、敗れたり！　ワッハッハ！

なんて、鬼の首を取ったかのように笑っている人もいるかもしれないね（笑）。

ポイントが3つ並んだときは、その3つの関係性に注目しよう。

第一の論点は「事業をおこなう企業や自治体」と「影響を受ける住民」の関係。

第二の論点は「科学技術の専門家」と「一般の素人」の関係。

そして第三の論点は「信頼」と「不信」の関係。

第一と第二の論点がどちらも「人と人との関係」なのに対し、第三の論点は「議論のしかた」という別次元の話になっていることがわかるかな？　いわゆる「メタ発言」というやつだ。

「3つのポイント」が並んだ文章も、こうすれば「前半／後半」に分けて理解することができる。

前半：事業者と住民の議論、専門家と素人の議論

後半：一つ上の次元から「議論のしかた」をアドバイス

今回の文章に限らず、箇条書き系の課題文では「最後の項目だけ異質」という展開はよくあるパターンだ（同じ慶應法学部で2019年に出題された文章では「第五の論点」が最重要だった）。

読解ポイント 2 それぞれのパートでの対比を見つけよう

まず「第一に」の部分の冒頭で「了解」と対比されるのは「改心させること」。「イエス」と自発的に言うのか、言わされるのか。

つづく⑴は提供される情報について。事業者がデータを公表するとき、「客観性」「唯一正しい知」を装うのはダメという話。

これと対比されるのが「つねに問い直しに関して開かれている」という部分だ。「そのデータ、母集団が偏っていませんか？」みたいに疑うことが許されてこそ、対等な議論だといえるよね。

⑵では「道徳による排除」と「包摂」が対比されている。「反対する奴はバカ、悪人」と全否定するのではなく、「違う意見もあるよね」と聞く耳を持つということだ。

まとめると、**⑴も⑵も「一方的な議論をするな」という話**。推進派と反対派が対等に話し合うことが大事というわけだ。

読解ポイント 3 具体例の中から「対比」を抜き出そう

第二の論点の部分には具体例が登場するね。これが結構な分量なので、うっかり「第二の論点は水害の話」と思ってしまいがち。

でも、具体例というのは理論を裏付けるためにあるもの。そして理論というのは「対比」で説明されるもの。

ここで対比されているのは「高度な科学技術」と「自分たちの経験や生活知」。水害の話もその延長だ。

昔：住民たちが水防活動をおこなっていた。

今：治水技術が進展したため専門家まかせになり、住民に水害のリスクが見えなくなってしまった（＝危害の貧困化）。

読解ポイント 4 抽象的な話では「リアルな関係性」をイメージ

第二の論点が「水害」という目に見える具体的な話だったのに対し、第三の論点は理屈っぽい抽象的な話になる。

「信頼」も「不信」も、目に見えるモノとして存在するわけではないからね。

ここでは「信頼」と「不信」の関係性に注目しよう。

筆者はこの２つを「先鋭に対立させる思考方法」から離そうといっている。ではどういう思考方法がいいのかというと…この段落の最後に「信頼と不信は、相互に強化しあう関係」といっているね。

信頼と不信は敵なのか味方なのか、という関係性の違いだ。

不信を「悪いもの」と思えば、政府や専門家を信頼する人たちが、疑う人たちを「非国民」と呼んで断絶することになる。

不信を「有益なもの」と思えば、政府や専門家やそれを信頼する人たちが、批判や疑いの声に耳を傾けることができる。

抽象語の向こう側にある「誰が誰に何をするのか」というリアルな人間の姿をイメージできたら、理解できたといえるね。

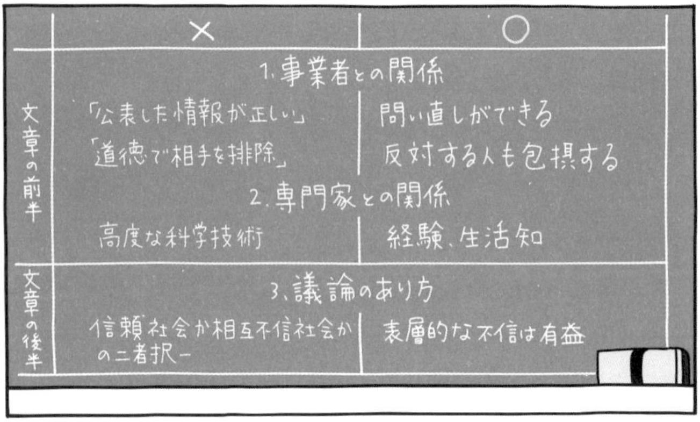

スッキリ要約

　現代社会のリスクに我々がどう対処すべきかについて、筆者は３つの論点を挙げている。第一に事業をおこなう側に対し、その影響を受ける者が「了解」することである。そのために事業者からの情報は客観的で唯一正しいものとしてはならず、問い直しができる必要がある。またみずからの道徳と合わない者を排除するのではなく、対話の参加者として包摂することも必要である。第二に専門知に対する不安を解消することである。科学技術が高度になると専門家にまかせて住民にはリスクが見えなくなるが、経験や生活知によってリスクを分かち合うことが必要である。そして第三に信頼社会か相互不信の監視社会かという二者択一で考えないことである。不信といってもコミュニティそのものへの根深い不信から特定の政策に対する表層的な不信までさまざまであり、表層的な不信はむしろリスク発見のために有益なのである。　(375字)

オキテ34　論じ方を論じる、これが「メタ視点」

STEP 2

段落構成を選ぼう

設問　次の文章は、現代社会のリスクに我々がどのように対処すべきかを記したものである。著者の議論を四〇〇字程度でまとめた上で、それに対するあなたの考えを、具体例にふれつつ論じなさい。
（合計 1000 字以内）

要約 400 字＋意見 600 字。この意見 600 字を 200 字ずつの 3 段落構成で書けばいいので、字数だけなら楽勝だ（？）。

ただ、難しいのが「著者の議論に対するあなたの考え」という部分。どういう切り口で攻めたらいいんだろう？

複雑な課題文はここに注目

CHAPTER2 では、「賛成／反対に分かれるテーマ」か「誰が見ても問題であるテーマ」かで段落構成を選んだよね。

でも、短文テーマ型や短い課題文ならまだしも、ここまで長く複雑な文章になると「え？　結局どっち？」と混乱しがちだ。

難易度 MAX の課題文が出たら、次の 2 点に注目するといい。

1　課題文は「事実の説明」か「筆者の提言」か？

「社会のリスクはこうなっているよ」で終わっていたら「事実の説明」だけど、最初から最後まで「Aはダメだ。Bが必要だ」という書き方をしている。あきらかに「筆者の提言」といえるね。

2　その提案には異論があり得るか、それとも正論か？

「リスク管理を事業者や専門家にまかせず、自分たちも文句があれば言いながら、リスクを分かち合おう」という主張は…反論しにくいんじゃないかな？

むしろ反論の余地のない「ごもっともな正論」だ。こういうときは**筆者の主張に反論するのではなく、筆者の主張を受け入れた上で社会の中に問題点を探す**のが正解。

というわけで、今回は「原因分析型」の段落構成で書こう。

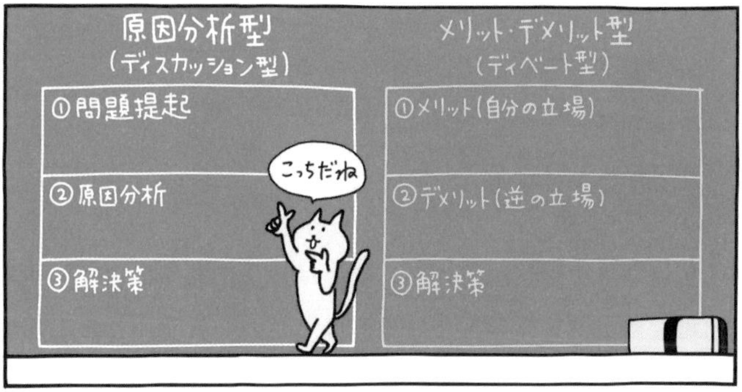

オキテ 35　**その提案は異論があり得るか、正論か**

STEP 3

設問に答えよう

①問題提起 「揚げ足取り」にならない切り口の見つけ方

ガッカリ問題提起1

私は著者の議論に同意する。現代社会にはさまざまなリスクが存在しているからである。予想されている南海トラフ地震や首都直下型地震、竹島や北方領土をめぐる領土問題。いずれも社会が対処すべきリスクである。

何に同意したのかな？ 「リスクに社会が対処すべき」というのは、筆者の主張以前に当たり前の話だ。もし賛成／反対を述べるなら、筆者独自の提案をしている部分を挙げよう。

ガッカリ問題提起2

私は著者の議論に反対だ。著者は第二の論点の中で、リスクを再び自己責任で利用できるものへと差し戻すことを主張している。しかしそれは一般市民にすべての責任を押し付ける自己責任論という名の無責任ではないだろうか。

これはまた狭いところに噛み付いたね。たしかに本文中に「自己責任」という言葉はあるし、実際に企業や行政が責任回避をするときに使われて、よく批判される表現だ。

でも、そのあとの「水害を体験し訓練すべきだ」という主張は「住民を見捨てる」という話ではなく「大きな被害が出ない程度」という条件つき。それに筆者は第三の論点で信頼か不信かの二分法を戒めてもいる。このように全体の論旨を見ると、100パーセント丸投げの自己責任論ではないんだよ。

つまり ガッカリ問題提起2 の「すべての責任を押し付ける」というのは課題文の一部を拡大解釈していることになる。

こうなってしまうのは、**筆者の主張が「ごもっともな正論」だからだ**。どう見ても正論なのに、その主張の中に無理やり問題点を探そうとするから些末な部分で揚げ足を取るしかなくなる。

「ごもっともな正論」のときの問題提起は?

課題文が「ごもっともな正論」のとき、**問題提起には「その理想が実現されていない状況」を挙げるのがベストな選択だ。**

事業者や専門家と一般市民とのあいだに対等な議論がなされていないケース、「反対派は悪だ」として賛成派とのあいだに分断が生じているケースを、自分が知っている「社会的なリスク」の例から探してみよう。

スッキリ問題提起

著者が危惧する「信頼」と「不信」の対立が大きくなった出来事が2020年に発生した新型コロナウイルスの流行である。政府の対応に対し国民の不信感は高まり、外出自粛の呼びかけに応じない人たちが増えていった。そして国民のあいだでも専門家を信じマスク着用を絶対視する人々と、彼らを「コロナ脳」と揶揄してマスクをしない人々のあいだで対立が生じた。

この問題が出題された2018年当時(コロナ禍以前)だったら、地球温暖化陰謀説、将来の年金不安、原子力発電所の事故や再稼働をめぐる論争なども具体例として考えられるね。

これ以外でも、「政府や専門家が嘘をついている、何かを隠している」と疑う人たちが多数いるケースであればOK。

②原因分析　「敵はいい人かもしれない」と考えてみる

具体例は何であれ、信頼と不信の対立を問題提起したら、次は原因分析だ。なぜこんなに社会が分断してしまうのだろう？

ガッカリ原因分析

政府や専門家と反対派が断絶し健全な議論が行われないのは、近年世界を覆っている不寛容の風潮が原因だ。政治家も科学者も、異なる意見の相手に対する寛容さを失っている。また反対派の住民側も心の余裕をなくしているのではないだろうか。

「不寛容」とか「心の余裕がない」が原因だとして、では一体どうすれば人々が寛容になり心の余裕を持てるかな？

「悪い人」の「悪い心」を変えることはできない。変えられないものを変えようとするのは時間とエネルギーの無駄だ。

原因分析は「人の心」ではなく「仕組み」に目を向けよう。

「なぜ不寛容な心になるのか」ではなく「なぜ不寛容な言動をしてしまうのか」。

もしかしたら、いい人でも「不寛容に見える言動」にならざるを得ない仕組みがあるのかもしれない。

あるいは悪い人がいたとしても、彼らの「不寛容な言動」を許している社会の仕組みがあるのかもしれない。

スッキリ原因分析

政府や専門家と反対派が断絶し健全な議論が行われないのは、双方とも譲歩できない立場だからだと考えられる。たとえば野党や市民団体は反対することで大衆の支持を集めており、テレビに出る専門家も白黒を明言する人が選ばれやすい。そのため主張そのものが自らの存在理由となり、途中で譲歩したり自説を修正したりすることができなくなる。こうして肯定のための肯定、反対のための反対となり、対話が成立しなくなるのである。

いい人か悪い人かは関係なく、票やお金をくれる人の期待に背くのは誰しも難しいものだ。特に議員報酬やテレビの出演料で生活している人は、そのポジションを失いたくないよね（言論人と呼ばれる人の中には「本が売れる」「メディアに出られる」という理由で、自分の本心とは違う発言をする「ビジネス保守」「ビジネス左翼」の人も少なくない）。

③解決策

肯定派も反対派も、大人の事情でそのポジションに縛られていることが譲歩できない原因だとしたら、一体どうすれば健全な対話が可能になるだろう？

ガッカリ解決策

しがらみや利権のある政治家や専門家やコメンテーター、市民活動家を全員排除し、利害関係抜きに議論できる人を集めて再スタートするべきだ。そのためには発言する人がどこからお金をもらっているか、誰に支援されているかを調べ上げ、公開する必要がある。

これは典型的な「排除の論理」。欠点があるからといって切り捨てていっては「そして誰もいなくなった」という結果になりかねない。

そもそもこの発想自体、「善人か悪人か」という二者択一の思考方法に陥っているよね。**現実社会の中で問題を解決するには「排除の論理」ではなく「清濁併せ呑む」ことのできる器の大きさが必要だ。**

スッキリ解決策

肯定派も否定派もそれぞれの立場上、自説を曲げることが難しいのであれば、彼らに代わって中立な立場から議論を仕切る司会役が必要である。司会役がいれば議論を単なる勝ち負けに終わらせず、「社会的リスクに対処する」という本来の目的に軌道修正し、双方の譲れる部分と譲れない部分を聞き出すことができる。これによって双方の立場に縛られない、建設的な議論をすることが可能になるのである。

この「司会役」のことを「ファシリテーター」ともいう。国会の議長は答弁する人の名前を読み上げるだけで全然ファシリテーションしていないけれど、あれは与党の推薦で議長が決まるからだ。

与野党とまったく関係ない中立の人が本来のファシリテーションをやったら、国会の議論は大きく変わるかもしれない。

スッキリ答案

現代社会のリスクに我々がどう対処すべきかについて、著者は３つの論点を挙げている。第一に事業をおこなう側に対し、その影響を受ける者が「了解」することである。そのために事業者からの情報は客観的で唯一正しいものとしてはならず、問い直しができる必要がある。またみずからの道徳と合わない者を排除するのではなく、対話の参加者として包摂することも必要である。第二に専門知に対する不安を解消することである。科学技術が高度になると専門家にまかせて住民にはリスクが見えなくなるが、経験や生活知によってリスクを分かち合うことが必要である。そして第三に信頼社会か相互不信の監視社会かという二者択一で考えないことである。不信といってもコミュニティそのものへの根深い不信から特定の政策に対する表層的な不信までさまざまであり、表層的な不信はむしろリスク発見のために有益なのである。

著者が危惧する「信頼」と「不信」の対立が大きくなった出来事が 2020 年ごろに発生した新型コロナウイルスの流行である。政府の対応に対し国民の不信感は高まり、外出自粛の呼びかけに応じない人たちが増えていった。そして国民のあいだでも専門家を信じマスク着用を絶対視する人々と、彼らを「コロナ脳」と揶揄してマスクをしない人々のあいだで対立が生じた。

政府や専門家と反対派が断絶し健全な議論が行われないの

は、双方とも譲歩できない立場だからだと考えられる。たとえば野党や市民団体は反対することで大衆の支持を集めており、テレビに出る専門家も白黒を明言する人が選ばれやすい。そのため主張そのものが自らの存在理由となり、途中で譲歩したり自説を修正したりすることができなくなる。こうして肯定のための肯定、反対のための反対となり、対話が成立しなくなるのである。

したがって、肯定派も否定派もそれぞれの立場上、自説を曲げることが難しいのであれば、彼らに代わって中立な立場から議論を仕切る司会役が必要である。司会役がいれば議論を単なる勝ち負けに終わらせず、「社会的リスクに対処する」という本来の目的に軌道修正し、双方の譲れる部分と譲れない部分を聞き出すことができる。これによって双方の立場に縛られない、建設的な議論をすることが可能になるのである。

（932字）

オキテ 36 「ごもっともな正論」には、「そうなっていない現実」を問題提起する

文章上達のコツ 3

「だ」と「である」は別物

学校では「文章には『です・ます』調（敬体）と『だ、である』調（常体）がある」と教わるよね。

でも、同じ常体でも「だ」と「である」はまったく別物だ。

「だ」は主観を表す文末。

「～だ。～なのだ。～だろうか!」…重なると暑苦しいよね（笑）。自分の気持ちを相手に訴えかける文末だからだ。カジュアルな文章に使うのは構わないけれど、客観的な大人の文章が求められる小論文では使わないのが正解。

これに対して「である」は客観を表す文末。

「～である、～がある、～がいる、～する」。客観表現は「る」で終わり、主観表現は「だ」がつくと覚えておくといい。

本書の場合、説明をする「地の文」では「だ」「だよね」を多用しているけれど、スッキリ答案は「ある、いる、する」で統一している。気づいていた人はいるかな？（そしてガッカリ答案はダメっぽさを出すために「だ」を多用している）

「だ」が主観の文末ということは学校でほとんど教えられていないので、せっかく内容はいいのに「～なのだ」を連発してしまっている受験生は多い。ここに気をつけるだけでライバルに差をつけることができるぞ。

おわりに

本書を最後まで読んでくれて、どうもありがとう!!

ここまで付き合ってくれた君に、「はじめに」では書かなかった話をしよう。

この本の表向きのテーマは「資料と課題文を攻略する」ことだけど、読んでみるともう一つの大きなテーマにもページを割いていたことに気づいたと思う。

それは「問題提起→原因分析→解決策」のプロセスだ。

本書には スッキリ答案 としていくつもの解答例、解決策が登場したけれど、いわゆる「アカデミックな評論でお茶を濁した答案」は一つもない。

必ず「誰が何をどう変える」という具体的な提案をしている。

もしかしたら、この点が他の参考書や予備校の「模範解答」とはまったく違う特徴かもしれないね。

解決策のアイデアを世に出すというのは勇気がいるものだ。間違いを指摘されるかもしれないし、反発されて炎上するかもしれない。

これを恐れて予防線を張ると、「抽象的でインテリっぽいけれど毒にも薬にもならない無難な模範解答」になってしまう。

でも、教える側が問題を解決してみせないのに、生徒に「問題を解決しろ」と要求するのはおかしいよね?

教える側が抽象論でお茶を濁していたら、現実世界に影響を与える人材を育てることはできないよね?

だから『小論文のオキテ55』と『小論文のオキテPRO』はあえて具体的で、それゆえ賛否両論あるかもしれない提案をしてみせているわけだ。

実は、本書で君たちに伝えた小論文のメソッドは「問題解決型ライティング」として、いくつもの大手企業の社員教育に採用されている。僕自身、企業研修に登壇してビジネスパーソンや経営者に問題解決の手法を教えたり、社内の問題をいっしょに解決したりしている。

エキサイティングな仕事だけど、この世界はシビアだよ。解決策を実行して、結果を出さなきゃいけないから。評論家は相手にされない（笑）。

そんな実務の現場で鍛えられた問題解決の手法を、高校生向けにアレンジしたのが本書『小論文のオキテPRO』。逆輸入ともいえるね。

情報量の多い本になってしまったので、一度読んだだけですべては消化できないと思う。是非くり返し読んでほしい。100回も読めば、君の頭は相当やわらかくなっているはずだ。

本書を見つけてくれた君が、見事志望校に合格し、社会の諸問題を解決できる人材になってくれたら、著者としてこれ以上の喜びはない。

君たちの活躍と成功を、心から祈る!

2021年5月　鈴木鋭智

謝辞

本書を執筆する機会を与えてくださった株式会社KADOKAWAの角田顕一朗さん、2011年の『小論文のオキテ55』以来、オキテシリーズの軽妙なビジュアルを作ってくださっているデザインのおかっぱ製作所・高橋明香さんとイラストの株式会社ぽるか・村山宇希さん、熱い添削でサポートしてくださっている進藤貴和子さん、コロナ禍でもオンラインの小論文講習会実現に向け奔走してくださった全国の高校の先生方、そしてたくさんの質問や解答で本書のネタを提供してくれた全国の高校生諸君！　みなさんのおかげで本書を世に送り出すことができました。本当にありがとうございます!!

鈴木　鋭智（すずき　えいち）
1969年青森県生まれ。東北大学大学院文学研究科修士課程修了（認知心理学専攻）。代々木ゼミナール講師時代、小論文を「文章表現ではなく問題解決能力の試験」と再定義することによって合格率を倍増させた。特に推薦対策の個別指導では早慶、医学部を含む第一志望合格率が９割を超える。
その確実なノウハウは受験生のみならず就活生やビジネスパーソンにも支持され、テレビ・雑誌などのメディアでも活躍中。また著書は台湾・中国でも翻訳出版される。
現在は企業研修やビジネスセミナーにおいて「ロジカルシンキング&ライティング」を指導するほか、CSS公務員セミナー顧問講師として論文試験対策を担当する。
著書に、『改訂版 何を書けばいいかわからない人のための 小論文のオキテ55』、『何を準備すればいいかわからない人のための　総合型選抜・学校推薦型選抜（AO入試・推薦入試）のオキテ55』、『何となく解いて微妙な点数で終わってしまう人のための　現代文のオキテ55』（以上、KADOKAWA）、『採点者の心をつかむ　合格するプレゼンテーション・面接・集団討論』（かんき出版）などがある。

資料《しりょう》と課題文《かだいぶん》を攻略《こうりゃく》して合格答案《ごうかくとうあん》を書《か》くための
小論文《しょうろんぶん》のオキテPRO《プロ》

2021年７月９日　初版発行

著者／鈴木《すずき》 鋭智《えいち》

発行者／青柳 昌行

発行／株式会社KADOKAWA
〒102-8177　東京都千代田区富士見2-13-3
電話　0570-002-301（ナビダイヤル）

印刷所／株式会社加藤文明社印刷所

ISBN 978-4-04-604469-3　C7081

この本と あわせて読みたい!

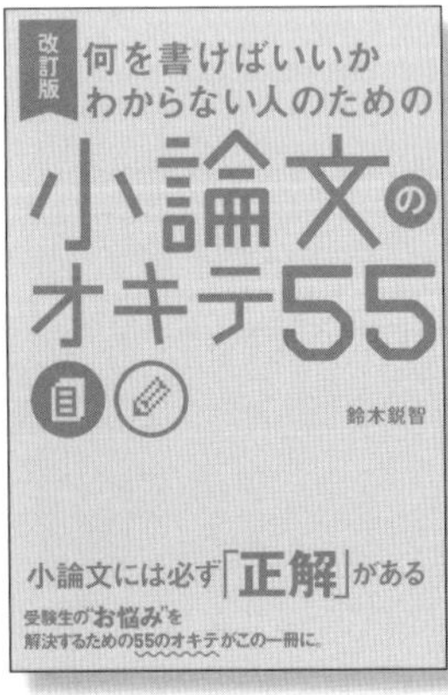

『改訂版 何を書けばいいか わからない人のための 小論文のオキテ55』

著　鈴木鋭智

ISBN：978-4-04-604467-9

10万人に支持された人気参考書がパワーアップ!
小論文には必ず正解がある!
受験生の"お悩み"を解決する55のオキテがこの一冊に。

『何を準備すればいいか わからない人のための 総合型選抜・学校推薦型選抜 (AO入試・推薦入試)のオキテ55』

著　鈴木鋭智

ISBN：978-4-04-604468-6

5万人に支持された人気参考書『AO入試・推薦入試のオキテ55』が、パワーアップ!
新しい総合型選抜・学校推薦型選抜にも対応!　自分だけの価値を掘り出す、自分にしか語れない志望理由を書く、面接で自信の"オーラ"を出す、55のオキテを伝授。

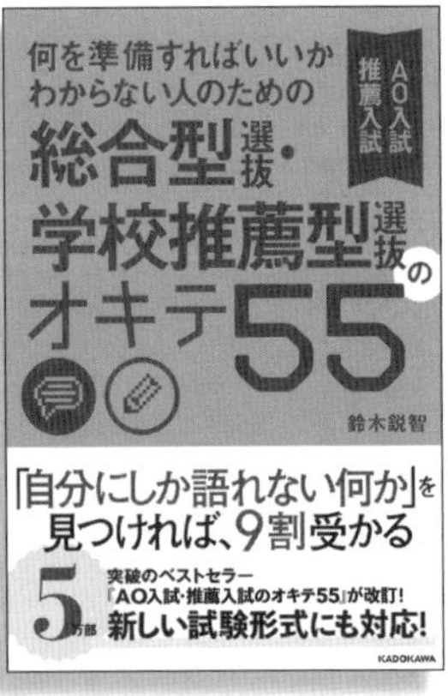